走在乡村的大地上

向丽丽 著

光明日报出版社

图书在版编目（CIP）数据

走在乡村的大地上 / 向丽丽著 . -- 北京：光明日
报出版社，2023.12
ISBN 978-7-5194-7657-1

Ⅰ . ①走… Ⅱ . ①向… Ⅲ . ①教育—随笔—中国—文
集 Ⅳ . ① G52-53

中国国家版本馆 CIP 数据核字 (2023) 第 250101 号

走在乡村的大地上

ZOUZAI XIANGCUN DE DADISHANG

著　者：向丽丽

责任编辑：王　娟　　　　　　　责任校对：许　怡　杨　雪
封面设计：悟阅文化　　　　　　责任印制：曹　诤

出版发行：光明日报出版社
地　　址：北京市西城区永安路 106 号，100050
电　　话：010-63139890（咨询），63131930（邮购）
传　　真：010-63131930
网　　址：http://book.gmw.cn
E - mail：gmrbcbs@gmw.cn
法律顾问：北京德恒律师事务所龚柳方律师

印　　刷：三河市华东印刷有限公司
装　　订：三河市华东印刷有限公司
本书如有破损、缺页、装订错误，请与本社联系调换，电话：010-63131930

开　　本：145mm×210mm
字　　数：201 千字　　　　　　印　　张：8
版　　次：2024 年 4 月第 1 版　　印　　次：2024 年 4 月第 1 次印刷
书　　号：ISBN 978-7-5194-7657-1
定　　价：69.00 元

走在乡村的大地上

——《走在乡村的大地上》序

许卫国

　　今年春节收到一份特殊的礼物，是向丽丽的《走在乡村的大地上》，她要我写几句话，实在想不出好的题目，干脆就盗用向丽丽的原创。

　　这本书可以当散文随笔来欣赏，也可以当小说故事来阅读，更可以当作教学、管理论文来借鉴学习。向丽丽这本书这种奇特的文体，似乎与走在乡村大地上有关。大地自由开放，大地千姿百态，大地河流纵横、阡陌错综、山林昂扬。乡村的大地自有她的淳朴、自然、灵动、清新和丰富多彩，"野性"难得。《走在乡村的大地上》无疑和大地有着千丝万缕的联系，冥冥之中有一种默契的呼应和融合。

　　纵览全书，貌似写的是平凡琐事、寻常工作、匆忙的脚步，而放到乡村的大地上，那一个个孤立的汉字成了有生命的种子。在乡村大地萌发希望的嫩芽，长出蓬勃向上的绿叶，开出火红的事业之花，结出一颗颗沉甸甸的果实。那貌似周而复始的枯燥、单调生活，变得情趣盎然，津津有味。走在乡村的大地上，脚印是闪光的，足迹是踏实的。纵然有曲折，可能有纷乱，而目标是明确的，步伐是坚定的，速度是有增无减的。

我曾有武断的预言，没有乡村教育的繁荣，就没有新农村建设的繁荣；没有乡村的琅琅书声，一切声音都会苍白无力且不会长久；没有孩子们欢声笑语的乡村，百花盛开也不算春意盎然、春色满园。而这一切繁荣、文明、美好，都离不开走在乡村大地上的教师，特别是像向丽丽这样的一大批有心有爱、有热情、有思考、有为乡村文明进步献身的教育工作者。

岁月远去，留在脑海里的多是记忆，而文字是固定记忆的最好方法之一，把人生的点点滴滴汇成知识的溪流，展现情感的浪花，谱写青春交响的波涛。作为一名教育工作者，她就是在开挖传播精神文明的大运河。

向丽丽出生在西南岗的黄土地上，这和我有近似的地方。曾经的物质贫穷没有影响我们对精神富有的追求。我也曾经教过书，说我热爱教育，那是虚伪；说我情系教育，倒有几分真实。多年来，我结交最多的良师益友是在教育界，从院士到小学代课教师、从清华北大到上塘小学（向丽丽母校）都有；我也经常应邀到大学、中学、小学讲课，与他们探讨教学中的很多问题。我每到一个地方也总喜欢到校园里看看，这倒不全是附庸风雅。如果说我生活中还有些忧心的地方，那一定有教育的部分。而令我喜闻乐见的，也必定有教育的一部分。那就是执着于乡村教育的教师，在乡村大地上辛勤耕耘的景象……

早年，我看过苏联电影《乡村女教师》，女主人公瓦尔瓦拉那种执着倔强地为人民教育事业艰苦奋斗的精神，至今记忆犹新。她是大城市的学生，毕业后自愿去荒凉、边远、野蛮的乌拉尔乡村。面对落后愚昧造成的困难、反动势力的暗杀威胁、丈夫牺牲带来的悲痛她没有退缩，却长期坚持下去，培养出一批又一批的飞行员、科学家、教师、农艺师……今天的中国与她那时的环境、条件相比，不可同日而语，但瓦尔瓦拉的这种精神尚可见贤思齐，结伴而行。

前不久，我给全国著名乡村教师张桂梅写了一首歌，歌词大意是：

是桂就有芬芳
是梅就不怕冰雪风霜
是一颗石子就铺在路上
是一滴雨露也要献给幼苗成长
啊，羸弱的身躯不逊钢筋铁骨
根根白发成就了根根栋梁
你是大山里孩子的再生亲娘
是你带他们展翅飞翔
啊，曾经一时的寂寞自有壮丽的交响
曾经短暂的灰暗终有永久的辉煌

向丽丽的《走在乡村的大地上》的出版，远远超出本书的意义和价值，她给人们更多的启示和鼓励：哪怕人生如平静的水面，有风，就可以开放绚丽的浪花；有梦，就有梦想成真的可能。沙砾平凡，可以淘金；蜜蜂平凡，且能酿蜜，人虽平凡，照样可以走进崇高，拥有崇高。写作难免有一时的寂寞，也难免有短暂的灰暗。向丽丽和张桂梅一样，知道希望就在于此。

向丽丽从乡村大地上走来，她的文字是大地上的田花野草，朴素自然、秀丽清新、平易近人。乡村大地不生小资情调、不发愤青豪气，她忠实于勤劳智慧和汗水，大地上没有一株矫揉造作的植物，没有一朵为了哗众取宠的花朵。

走在乡村的大地上，那些辛勤而智慧的园丁，必然会走出豪迈、走出自信、走出一条风光无限的宽广大道。

许卫国，中国作家协会会员、中国戏剧家协会会员，中国少年儿童文化艺术基金会特约作家，中国凤凰智库专家组成员，中国华夏书画院首席艺术顾问，北京大学中文系1987级民间文学采风课外指导老师和江苏师范大学2022语言学研究生校外指导老师，《中华文化》杂志编委，中山文学院客座教授。

目 录
contents

一个愿望

2019 年 8 月 14 日　星期三

　　打开电脑，当我敲下"一个乡村女校长手记 20190811 第一篇"这一行字的时候，一个愿望在心里生根了。我一直都在想这件事情。

　　上面几句话是在 8 月 11 日写下的。而接着写时，已经过去了 4 天。4 天里，大部分时间每天都在围绕着学校的事务忙碌。连续 6 天，我那么放纵地没有在个人公众号"大象时空"里更文。

　　6 天，没有一天在虚度，发生了很多事情。但是，坐在这儿，回想一下，却只是模糊一片。如果日子仍旧忙碌，仍旧不留下痕迹，那么 6 个月后，6 年后会是什么样？曾经忙碌的岁月，是否也将是模糊一片？如果也是那样，那么我是谁？我在做什么？

　　2019 年的暑假对我来说，是形式比较自由的上班。重点工作还是学校事情和培训学习。但相对于其他职业来说，暑期还是相当令他们羡慕的。早上我可以到小区北门的运动场，与做操的居民一起运动运动；晚上可以加入广场舞大妈的方阵，照葫芦画瓢地狂舞一通；白天时光，我还可以任性地抱着一本书猛看，不看完不罢休。

　　一天早上，细雨蒙蒙。我骑车来到运动场，想走一走。没想到还是有人在做操，它融合了瑜伽和健身操的动作。认真做下来，如果动作标准些，会比较累。喜欢听做操的音乐，那么火爆带劲，节奏感强。喜欢这套操，坚持做了一段时间，腰部就有了力，身板也变得挺拔。

　　接近一小时结束跳操后，脸上汗如雨下，衣服很多地方都湿透了。一场下来，还是有些疲惫。我坐在绿茵茵的球场上，喝着

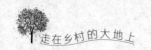

水，望着这些做操的女同胞们。不远处的跑道上还有很多走动的锻炼者。喝完水，我躺了下来。我闭上双眼，伸开双手，平放在象征着生命的绿色人工草坪上，放空！

仿佛自己慢慢变成了一座横卧的山脉，融入了宽厚无比的大地。空中飘浮着细沙沙的微雨，打在我的脸上。胳膊明显感受到一阵阵风儿拂过。躺在大地上，整个世界却有一种踏实的静。只能听到不远处跳操的女同胞们嗡嗡交流的声音，听不清。忽然，一个教练大声说："看看那个老师，躺着了，也能那样！"不去管她！这样躺在大地上，闭上眼睛，微风细雨，是多么地舒服踏实啊！

我睁开双眼，只能看见苍穹。天空是灰蒙蒙的，有些白云在飘动。心儿好似随着云朵在空中飘荡。而那苍穹究竟有多宽广？身体有界，天宇无界。看着天空，心亦无界。

忽然想起小时候，与两个弟弟晚饭后睡在院中的凉床上纳凉。我们抬头望天，那时候就想象外面的世界会是什么样子呢？然后，我们开始对着天空唱歌。

忽然又想起，有一次去县里大王庄党性教育基地参观。在河边猛抬头，看见两棵树之间的高远天空。蓝蓝的天空飘着几朵白云，微风浮动，杨柳依依。那一瞬间，莫名其妙地心动无比，快速拍下照片。随后，把这幅图画发在了朋友圈，配文：怦然心动。

躺在地上，仰望天空，是一件多么快乐的事情啊！所有的藩篱都不复存在，剩下的只有向往的喜悦。也许生活就是这样，当你低头去做一件又一件必须做的事情时，可能就会羡慕一种宽广的自由。而当你很忙碌时，可能又会羡慕单一的纯粹。看似矛盾的两者融合，对人来说可能是一种需要。

今年是我在这所乡村学校做校长的第三年。前两年，零零碎碎地记录了自己的一些想法。普通的记录，平实充盈。可是，心里隐隐约约觉得应该让教育工作留痕，形成一个序列化的记录。

教育工作所留下的，只有用文字记录，可能才会更持久、更有意义。矛盾的融合，就是一种成长。学习、反思、实践，所带给人的可能是一种进步，也是一种探索的快乐。

多年后，我希望因为自己曾经及时记录了一些文字，内心会依旧拥有那种躺在大地上的那种踏实和无畏。会如看到的高远的天空一样，那么辽阔和自由！

职称评定

2019年8月16日　星期五

每年到8月的时候都会有职称评定工作，中二评中一、中一评中高等。职称关系到老师的切身利益。评到高一级职称，相应的工资会上涨好几百元。更重要的是评到高一级职称后，可能才具有参加一些培训、称号等评选的资格。

评职称有这么多的好处，但是每年学校的名额是有限的。对于人数不多的乡村学校，相应的名额很多时候只有一两个。具备评审条件的老师有好几个，那么把相比最优者选出来，就成了工作的重点。

好的制度可以促进学校发展。让老师们明白要具备哪些条件，才能评上职称。不是想评就能评上的，需要去努力达到一些条件；更不是领导想给谁就给谁的，那样会否定老师的努力。

第一年，我们成立了职称评审小组，讨论决定了评审制度。涉及教育、教学、教研、近三年班主任情况、近三年工作量等部分。有对年纪大的教师的适度照顾，也有对年轻教师教科研的肯

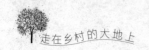

定。尽量全面客观地反映教师教育教学水平。第二年也是在原有基础上修订。两年中，我们立足文件精神，有根有据地面对一些评选中出现的问题，比较好地完成了评审工作。也让没评上的老师再次弄清要求，明确了努力的方向，为下次评选做准备。

今年是第三年评审工作，与前两年相比，我们做得游刃有余了。今年的职称评定文件放宽了很多要求：取消文凭、资格证、任教学科不对口等。任中一满二十年以上，任中二满十年以上，直接不受学校名额限制申报高一级职称。这个消息对有些老师简直是福音。我校上报中小学一级教师有八位，报中小学高级教师也有八位。这个数字是以前不敢想象的。

如何把职称评定这件事情做好？有了前两年的经验后，我忽然发现预防是最好的办法。

首先，要熟悉所有相关文件。分管领导要把自己的疑惑记下，然后向相关领导询问。至少要有两个教干熟悉整个职称评定的流程，明确了解文件要求，不能存在模棱两可的情况。

第二，确定人员。首先要召集所有评审的教师开会。先填表，到局里审核工作年限，然后填写班主任等工作经历情况。根据这两项选出有资格参加初评的教师名单，并公示。

第三，根据文件精神，确立打分标准。每个参评的人员根据要求，准备好自己的资料原件上交打分。对于打分工作，本校教干教师代表可以做，学校也可以将之打包给外校做。

第四，根据得分，公示初拟名单五日。五日后，确定最终上报名单，按规定时间上交材料。如果有教师产生疑义，可以随时查相应材料，公开透明。

初看这四项工作步骤，很顺畅，似乎也很简单。但是，问题就出现在第三项。打分标准是由近三年工作量确定的，统计数据的教干忽略了十名评中一的教师中，有四名女教师是曾经请过产假的。她们的工作量界定不清。有的老师辅导奖的奖项中没有奖次的情况，打分表里却没有体现这一点。

而这两个情况，在请外校老师打分时，在场的教干没有及时对评委说明。所以，就出现了工作量分数不对，部分辅导证书没打分的情况。

在公示评审材料时，这两个问题就暴露了出来。反过来，评审小组要对四位女教师的工作量再次认定，再次确定没有奖次的辅导奖的分数。

可是问题又暴露了，四位产妇的具体请假时间，与批产假的假条有所出入。由于没有相关教干证实，最后，只好统一按照假条处理。

回顾评职称这件事情，如何妥善处理好这件事？

重点是考核细则里要包含考核老师上交的所有材料，不能存在遗漏打分的奖项。如何避免这项出错？收取材料时，教师填写材料登记表。这样避免一些意外情况发生。负责人要逐一看一下材料，对照考核细则，若出现遗漏打分的奖状，要及时提出来。

难点是工作量的确定。这点要在打分前确定工作量，而且要公示给评职称的教师看。要讲清楚工作量的确定情况。这一样不确定好，会直接导致评委打分不准。

当然，通过这件事，我们发现，如果能够在出现问题时停止打分，待工作量和遗漏奖项确定后再打分，就不会出现这种明显打分错误之处。那么在公示五天之中，若发现小错误，再修改，是符合程序的。

想象出最坏的种种情况，想办法去避免最坏的结果发生，谨小慎微，才有可能把事情做好。看到事情可能出现的不顺利的一面，有意识地去预防，才能够更好地开展工作。

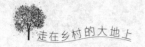

用研究的眼光看教育

2019 年 8 月 23 日　星期五

　　这几日，在市里参加综合实践活动——学科乡村骨干教师培育站第一次研修活动。活动内容丰富，时间安排很紧凑。这次培训请了好几位专家，给我们介绍了关于综合实践活动项目化的相关知识。讲座的内容信息量很大，每个讲座都饱含了专家的思考。

　　我忽然想起了参加省培训时的导师们，他们学识渊博。每当看见他们，我就会冒出一个想法：我究竟要读多少书，才能达到他们的高度？在这个对比中，我看到了自己的薄弱之处。

　　这几日，看着做讲座的专家，又想起了 7 月的武汉培训的专家们，忽然在对比中又有了发现。这些专家都是在某一个方面做了深入的研究，有德育、学校文化、课程建设等方面。好似，找到一个切入点，然后进行相关的文献综述梳理，对比分析后，就可以形成一个讲座了。

　　而作为学校的管理者，他们讲的内容所涉及的方方面面我们都要考虑。从面上来说，学校的管理者思考的面太广了，什么都要考虑。而教授等关注的可能只是其中一个方面，切入点小。对于我来说，就是眉毛胡子一把抓。我的问题是没有深入研究的切入点，方向杂，也找不到点。可能即使找到了，也没有进行可持续性地探索。

　　什么都要抓和只抓住一点深入研究，这两者似乎是矛盾的。似乎中小学的教师和大学教授之间就存在这样的明显不同特点。由于学生的特殊性，就决定了老师的选择。没有针对某一点的深入研究，可能就会让中小学的教师陷入一种研究方向的茫然中。

　　今天用手机听书时，听到一个比喻。有的人像蚂蚁，只是简单的搬运工；有的人像蜘蛛，没有实践，却还织空网；有的人像蜜蜂，既劳作又产出甜蜜。其中第三种是最好的状态。那么自己属于哪一种状态呢？

纵观这两个月自己听的专家讲座，我发现了一些好的研究经验。

第一，要有意识地看相关核心期刊。

每一个学科都会有相应的学科期刊。自己一定要订学科期刊，一本一本看。即使学理性较强，也要看。除此外，还要了解国家的教育走向，要读《人民教育》《北京教育》等。这样既能看到自己的学科发展，又能看到国家教育发展趋势。埋头走路，又能抬头看天。

初中语文方面的部分学科期刊：《中学语文教学参考》《语文建设》《中学语文教学》《语文教学与研究》《语文教学通讯》等。相关教育类的有：《中小学管理》《中小学教师培训》《教学与管理》《中国校外教育》《生活教育》《教育评论》《教育研究与评论》《综合实践活动研究》《人民教育》《北京教育》，等等。

第二，根据杂志的不同特点，积极投稿。

每一本杂志都有自己的体例要求，看杂志时，要去揣摩它的行文体例。自己要养成看杂志的习惯，要多看，然后多写、多改。过硬的核心期刊是要必读的。自己要不断地写作和修改，并积极参加论文评选和投稿等。在不断写作中提高自己写论文的水平。

第三，盯住一个多产作者，学习他的写法。

有的教师发表论文较多，那么可以去搜集他的论文，还可以揣摩他的写法。语文方面我确定特级教师肖培东的，综合实践学科确定特级教师徐燕萍的。最近几年，他们的作品较多，很有借鉴价值。教育方面确定为苏联教育家苏霍姆林斯基，把他的文集读完。这样，在语文、综合实践、管理方面选择一个标杆性的人物去重点学习，才能比较精准用力。

第四，一段时间围绕一个主题来写。

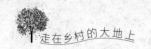

作为一个学校管理者，事务多杂，有待研究的领域太多。针对自己感兴趣的，要确定几个主题，一个阶段围绕一个主题写。利用文献综述的方法，查阅相关资料，进行对比研究。运用教育的理念和思想，加上案例来写。

作为一线的教师，没有高深的理论，但是我们有真实的案例。这些案例是大学里的学者所没有的。我们要请专家推荐一些有关自己研究方向的书籍，进行阅读。要动笔写下相关的教育教学案例，在实践中反思发现，才能促进自己的研究探索。

第五，要有自己的课题，围绕课题开展工作。

一个研究者一定要拥有自己的课题，每一个感兴趣的小的切入点都可以演变成课题。每一个主题的文献综述的对比研究，都可以发现很多有待研究的领域。找寻其中操作性较强的、有实践价值、有可显现成果的问题，把它转化为课题。这种方法很具有针对性的。为了结题，必须写论文等，其实就是围绕一个主题来做研究。

参加工作近 20 年，跌跌撞撞，有时像一只困兽一样，努力着却好似找不到一个出口，什么都在抓，但什么都没有抓透，处在漂浮的状态。

我在找一种可以解脱的深呼吸方法，一种让自己可以持续研究的方法，自得其乐。羡慕这些专家在某一个领域前后连贯的通透和表达得淋漓尽致。羡慕那种专注地围绕主题去研究的状态。

路遥在《平凡的世界》里有这样一句话：我认为，每个人都有一个觉醒期，但觉醒的早晚决定个人的命运。在我近四十岁时，我才找到一种让自己得以深呼吸的方法——从事研究。

在纷繁的生活面前，内心深处可以清晰地明确自己的快乐所在。看到自己内心的渴望，感受到来自自己的强大力量。这股力量，可以应对这个世界带来的很多不安和害怕，拥有坦然面对的勇气和不断探索的快乐！

恣意绽放

2019年8月25日　星期天

今天是我校校本培训的第一天，所有教职工都返校参加了培训。大家齐坐会议室，很多老师久别重逢，很是热闹。今年的校本培训与以往有一些不同。

县通州实验学校请了两位外市专家来做讲座，姚校长也亲自开讲《学悟教学模式》。三个讲座，内容丰富。作为集团校，我与姚校沟通后，我校的教职工可以参加通州实验学校的讲座培训。这是一次相当难得的资源共享。对于只有四十多个教职工的乡村小学校来说，邀请外市专家来做讲座，是有一定难度的。

培训的第四天，我邀请了已到泰州姜堰交流的原本校教师戴主任做了一个讲座，内容就是谈谈外出交流的体会，相信他会给老师们描绘一个不同的教育天地。第五天，我做了一个关于课题的讲座。

五天里，我们共开设五次讲座，次数比去年多，容量也相当大。跨越两所学校进行联合培训，是一种尝试。但是，也发现住在乡村的个别老教师，不想到县城参加培训的情况。理由是：不会开车，找不到学校。晚上，有两位老师诉说了这种情况，我只能耐心地开导，鼓励他们参加培训。

有时，我们展望美好蓝图。但在这个过程中，会出现很多特殊情况，这也是正常的。改变是个缓慢的过程，不能一蹴而就，终究会有收获的。在教育工作中，教师有时就像学生一样，也需要引导和鼓励。用活动来引导是一个比较好的方法。

会后，老师们都离开了校园，我留下来整理一些杂志，同时查看了校园的在建工程。我发现花园的边缘是用涂料涂的，而不

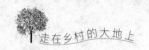

是真石漆。新铺草皮的下面土壤很是粗糙，有的还有石子，工人没有及时清理。

压膜地坪，今天开始上清漆。第一遍，用清水冲洗地面，去掉灰尘脏物，第二遍上清漆。但是，我发现有些涂料的硬物粘在地坪上。如果不铲掉，以后上色后，一旦涂料去除了，那么空留部分的颜色就不同了。

这些细微的发现，我都告诉了后勤主任。他及时跟工程老板联系。随后，工人们开始捡拾土地上的石子，铲除压膜地坪上的涂料硬物。

中午1点多，我拎着包往外走，准备开车回家。就听到后面一个工人问后勤主任："刚才那个女的是谁？"主任回答："我们校长。"就听他嘀咕："怪不得要求这么高，这么严！"

作为一个校长队伍里的新手，我对园林建设几乎不了解。对校园绿化建设几乎没什么预设蓝图，更不要说自己有什么高端设计了。只能综合领导和设计人员的意愿，结合自己学校的实际情况进行绿化实施。而压膜地坪的颜色花纹的设计则放手让监理去做。监理很有才，设计出的效果图相当漂亮。看了他的效果图，我才知道自己想要什么样的压膜地坪。

这个过程，自己在不断学习，但也真切地感受到了自己的不足之处。心里开始狂想：如果自己会园林设计多好，哪怕知道些门道也行。这只能说明自己相关知识了解太少了。只能依靠别人，而不知道自己究竟想要什么样的。于是，我从网上购买了《中国古典园林分析》，希望阅读后能够了解一些园林知识，提高自己在园林方面的审美能力。

很多时候，我们会发现一些美的事物。你望着它，就觉得好看。但是，好看在哪里，却又说不出来。可能，这就是审美能力的欠缺，只是停留在感知的初级阶段。忽然又狂想，这个学期，要让美术老师给全体教职工开设一些讲座《名画欣赏》，再让书

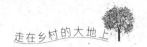

法老师开设《书法欣赏》。当然，对学生也可开设相关讲座。

名画和书法好在哪里，需要专业老师指导鉴赏。这些都能提高师生的鉴赏能力。美的事物，洋溢于心中的喜悦。艺术的美，可以激荡人的情感，激发对生活的热爱之情。万物有灵性，很多都是相通的。师生的情感愉悦了，所有的工作都会随之愉悦。

下午，在书桌前看书。桌上放着一大玻璃杯菊花茶。大朵的菊花在透明的玻璃杯里舒展开来，那么任性、惬意、漂亮。拍照并发在朋友圈，配文：恣意绽放。

恣意绽放，人的思想也应该如此！

我们开学了

2019年9月1日　星期天

2019年下半年的开学比较迟，通知里是9月2日，星期一。农村学校不能按照这个时间做。因为农村孩子的报名工作很多时候一天是报不齐的，所以要提前些。这样才能确保开学那天，绝大部分学生能到校上课。

8月31日，学生到校报名领书，打扫卫生。下午三节课后回家。9月1日，所有师生到校，上临时课。初一的学生再次考试，把分数与小学六年级时的成绩相结合对比，然后分班。接着安排桌次和宿舍。

今天，所有班主任都是跟班，围绕教室、食堂、宿舍、卫生区转。所有的教干围绕自己的工作，也是脚步不歇。忙碌，是今天的代名词。我不断查看各项工作的进展，不断督促提醒。及时

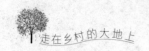

召开了主要领导的小会，再次明确今天和本周的重点工作。反复强调要互相沟通和落实工作。

现在学校的地坪工程和绿化工程都还没竣工。所有老师的车都停到了学校的外面。今天，压膜地坪开始进入上色的扫尾阶段。徐监理对地坪颜色的设计非常富有层次感。在压膜地坪颜色设计上，居然能找到家装色彩搭配的精致。

可是，我忽略了一个问题。昨天当我发现承包方无法调制出与设计图纸一样的颜色时，我明白了图纸和现实色彩肯定是有一定悬差的，还有可能有很大悬差。虽然想得到图纸效果，但是承包方可能无法完全做到技术等方面的要求。

昨天下午离校前，我在学校仔细观察了压膜地坪，又找出几处要添加色彩的地方和有些粗糙之处。干活的师傅不断催我："你赶紧回去吧，快天黑了。你看越久，我们做得越多、越细致。不能这么精益求精啊！"

今早，我直接跟承包地坪的张总联系了，很明确地告诉他对地坪的要求：如果不按照学校的合理要求做到位，我是不会在付款单上签字的！

这样明确的要求是必须申明的。只要工程结束，验收了，凡是学校想到的添加的东西或者要换个颜色，就需要再出钱。这是一笔经济损失，不如一次到位，不留有遗憾。

这个学期，我要求带初一的一个班的语文课。因为只有上课，一个教师才可能保持那种与学生之间的紧密联系的张力和触觉。这是我想出的两个词：张力和触觉。所以，我下定决心，就是再忙，都要在自己的课堂王国里站住脚。

可是，拿到临时课表，就发现了一个大问题。我的早晚自习相当凌乱，若按照这个课表，那么我一周五天，只有周五下午放学才能回一次家。早自习是早上 7 点，晚自习 9 点半结束。这就意味着，我一周都要在学校住，没法照顾家庭。

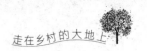

　　我与数学老师调了一天的晚自习。我发了一条微信消息给她：这样，我能回去看一趟孩子。不然，孩子就没妈了！

　　我需要什么？需要努力想办法，解决学校很多问题。也需要有时间去做一个妻子、一个母亲该做的事情。家人也是我的生活的一部分，不能忽略。

　　在学校办公室敲着这些文字，窗外很安静，孩子们都已经在宿舍入睡了。而我心里却想起了家里冰箱里买的一些蔬菜。开始想象：它们因为我，变成了一道道可口的菜肴！我们一家人在一起吃饭，欢声笑语……

意外获奖

2019年9月6日　星期五

　　今天9月6日，五天没有更文了。这一周是开学的第一个星期，很是忙碌。

　　昨天周四，听课、上课一共七节。走进课堂、走近学生，我才真切地感受到师生的状态，这种深入很重要。我真切地感受到老师们需要什么样的帮助和指导，也发现了学生们真切生动的一面。这些能让我的心静下来，去构想未来图景。去认真思考，可能会遇到的一些问题。

　　课堂教学能够让我慢下来，感受这所薄弱的农村初中跳动的脉搏。第一周，新的开始，各项工作都在有序进行，问题也在不断冒出来。但是，各方面明显都比前两年有进步。为了迎接乡里的教师节大会，我们开始对文件中的奖励条项进行汇总。不断与

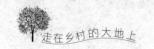

乡领导就获奖情况进行交流，最终确定奖项和金额。

今天，收到局里通知，9月7日（明天）上午9点，全县召开教育大会。我意外地发现受表彰的名单里面居然有我校的名字。我以为看错了，仔细又看了几遍：县教育工作先进集体。全县只有十二所学校获此奖，农村纯初中，只有我们一所。

我很是感动。今年我们已经成功摆脱后三名了。我来到这所学校时，它是全县初中倒数第一名。现在，倒数第一的帽子，已经被我们狠狠地抛掉了，这是全体教职工奋力拼搏的结果。我把这个好消息发到了学校工作群里。这之后与老师们交谈中，我发现，自豪之情洋溢在他们的笑脸上。他们说："太不容易了，好多年没得过这个奖了！"

如果你到一所教学结果排名靠后的学校去管理，刚开始可能不会有太大的进步。改变是跑马拉松的过程，也是不断向下扎根的过程。它没有明显进步，却在不停歇地一点点努力。但是，只要两年，就可能会有比较大的进步，到了第三年就会有实质性的改变。

今年是我在这所学校的第三年，在前两年的基础上，现在还是有很多制度需要完善，还有很多工作需要开拓创新。从事教育的感觉是什么？当你看到学生一点点发生改变，慢慢趋向于你心中美好的样子，那种感觉很美妙。

你的努力，你的改变，终究会有人看到。我们不是第一名，也没有进入前五，但是我们摆脱了倒一，还甩掉了倒三。天道酬勤！我们要做得更好，多学习优秀经验。实事求是，因地制宜地开展工作。一步一个脚印踏实地朝前走，一定会邂逅更好的风景！

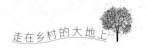

今天是教师节

2019年9月10日　星期二

今天是教师节，早上手机联网后，就不断收到很多朋友祝福的消息：节日快乐！其中也有同行的祝福。上午第二节课，要上一节公开课。可是，打开电脑后才发现，昨晚做好的PPT没保存。没办法，要重做，时间改到了下午第一节课。

好多细碎的小事，一个一个去解决，同时又不断冒出很多问题。于是，处理了一些紧要的事后，就开始备课，制作PPT。手机里祝福的微信消息提示音，不断打断我的思路。其实，快乐只是一种祝愿，我们有时忙碌到可能连思考是否快乐的时间都没有。

备课不是件容易的事情，你了解的相关资料越多，就考虑得越多。中午午间辅导结束后，我没有离开教室。当学生们趴在课桌上睡午觉时，我对课件又进行了修改。秋天的天气很是燥热，对一些教学活动形式，我不太满意，却苦于想不出更好的解决办法来，只能如此。心里也焦躁起来，真是书到用时方恨少。

这个课件是我的原创，融入了自己的思考。我总是认为，只有把自己思考的带进课堂，才能把控住课堂节奏。这样的课堂，才能体现教学的感情和温度。但是，我明显感觉自己在教学设计方面有所欠缺。这是学习不够的体现。不想再改了，还有20分钟午睡结束。我趴在前面的讲台上睡着了，觉得浑身似乎淌了很多虚汗，人仿佛飘在空中。学生们都很遵守纪律，都在下面安静地睡午觉。

很快，第五节课上课了，内容是：七年级上册《济南的冬天》第二课时。来了很多老师听课。一节课下来大致上完了教学

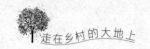

环节，但是当堂检测却没有时间做。

第六节课，语文组集体备课时，大家提出了一些意见。如果遇到学生不熟的一些词语，可以采用图片的形式来直观展示。比如：日本看护妇、银边、蓝水晶等词语，学生没见过，教师言语解释不如图片展示更直观。另外，对于散文不能光侧重修辞讲解，要语言和情感并重。例如：让学生去想象第五段的两个"卧"字，要充分利用学生的现有情感经验，去感受雪后远山村庄的惬意。

通过大家的评课，我对语文课堂中词语理解教学的设计有了进一步的理解。也在反思第四段用时过多，高估了学生的理解能力。我很喜欢上课的感觉，有一种将军征战的气势。你深谋远虑，处理各种可能早已想到的问题，最终达到目标。这个过程充满不可测的新鲜因素，富有成就感。

晚上，我坐在办公室里练字看书。一切又归于宁静，耳畔有虫鸣的声音，还有不远处教室里传来的老师讲课的声音。这些声音混在一起，成了校园特有的交响曲，竟是那么铿锵有力。

教师节庆祝活动，我们在昨天的升国旗时间已经开展过了。所以，今天教师节反而没有昨天那么激动兴奋。可是，中午一进教室，学生们就齐呼："老师，教师节快乐！"还是激动不已。下课时，一个胖乎乎的男生来到我旁边，真诚询问："老师，今天是几月几号？"我开心地反问他："你说教师节是几月几号？"

这就是我们的学生，真诚可爱。当你走进课堂，走进学生中，就会发现，他们是那么生动有趣。每一节课，每一个学生，每一次活动，每一天，几乎都是新鲜的，多么绚丽多彩！

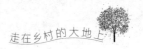

忍耐——人生的必修课

2019年9月19日　星期四

　　家里有一本比较薄的《资治通鉴》，便于携带，我常把它放在手提包里。外出开会学习时，就利用一些空余时间翻看几页。当历史再次呈现在面前时，我有了自己的对比发现。

　　项羽是何等威武啊！他破釜沉舟与秦军作战大胜，后又召集各路诸侯攻克秦军，被推选为上将军。但是，后来项羽中了反间计，怀疑钟离眜、亚父。忠臣们开始一个个离开了他。

　　汉王刘邦与之战，项羽想要东渡乌江，正巧有一只船等着他。只要他走，后面人是追不到他的，因为只有一只船可用。可是项羽却说："纵江东父兄怜而王我，我何面目见之！纵彼不言，籍独不愧于心乎。"他兵败的惭愧溢于言表，又见别人要杀他取千金、邑万户，居然用自刎去成全了别人。

　　从上面我们发现，项羽是非常讲情义的。他认为江东子弟八千人都渡江而西，无一人生还，自己又岂能回去做王？重情义让他选择了放弃。但是，如果他渡船回去，是有转败为胜的机会的。从他的放弃中，我们还可以发现相反的一面，即目光短浅。

　　项羽陷在了自己走与留的矛盾情感里，忘记了自己的最终目标：一统天下。一个只能进不能退的人，能成大事吗？一时意气，让他忘了目标，自丢性命。

　　反过来，如果是刘邦到了东渡乌江，他会像项羽一样自刎吗？我想不会的。刘邦会逃命，等待东山再起。因为他很明确，自己的隐忍是为了最后一统天下的目标的实现。

　　鸿门宴恰恰就证明了刘邦的隐忍求生。在鸿门宴中，刘邦乘空溜走逃命了，从而躲过一劫。试想如果是刘邦设的鸿门宴，项

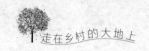

羽会逃走吗？他很有可能会选择拼死一战，也不会像做贼一样偷偷地溜走。

刘邦为了最后的目的，可以忍耐。而项羽虽也有宏图大志，却被过程中的坎坷打败了。

忍耐，在人的一生中是多么重要！

《资治通鉴》中还记载了汉朝曾被匈奴称为"飞将军"的李广的故事。年纪较大的他与将领卫青一同出征时，多次要求打先锋，但卫青不同意。因为汉武帝一再嘱托卫青，李广年龄大了，担心他会出现什么差错。

李广心中很愤慨，就带领自己的右路军私自出发了。但是由于没有向导，他们在沙漠中迷了路。一直到卫青率军回程，经过沙漠时遇到了他们，才得以回营。卫青派长史通知李广去听训。而李广却说："我已经活过六十，终不能再去面对那些代办文书的小吏！"他居然拔刀自刎了。

这位令匈奴吓破胆的飞将军没有败给敌人，却因为一时意气，死在了自己的刀下。

这又让我想起了屈原。这位爱国诗人的爱国之情是值得学习的，可是他看到楚国处于危难之中，却选择了跳汨罗江。又害怕自己死不了，怀里还抱了块石头。

项羽、李广和屈原都输在了自己的一时意气上，对自己改变现状失去了信心。他们被暂时的挫折所阻挡，能伸不能屈，最终都选择了放弃生命。

他们的美好理想也只是空想而已。他们只能享受成功，却忍受不了挫败感，只想以一死得以心灵解脱。而在《资治通鉴》里，善于忍耐的人，往往最后都成了大事。司马懿就是比较典型的一位。

冀州刺史孙礼面对当时不利时局，向司马懿哭诉郁郁寡欢的原因："今社稷将危，天下凶凶，此礼之所以不悦也！"司马懿回

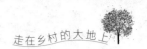

答："且住，忍不可忍！"他的意思是说：不能这样，要先学会忍受不了的事情，才能成就大事。

当曹操察觉到司马懿"有雄豪志"，又发现有"狼顾之相"时，心里很忌讳。但是司马懿却用勤于职守来帮助曹丕的表现，躲过了曹操的怀疑。最后还诈病不问正事，让曹丕的儿子曹爽不加戒备。实际上他暗中布置，准备消灭曹爽势力。他的忍耐为日后其子孙司马昭等，篡魏开晋，打下了坚实基础。

如果项羽学会了忍耐，刘邦的结局可能会逆转。如果李广和屈原学会了忍耐，国家会不会因为他们的存在而更好些？而起初力量不足的中国共产党，为什么要转移到井冈山，几经曲折保存实力？这也是最终取得胜利前的忍耐，历史往往会给笑到最后的人喝彩！

作家巴尔扎克曾说过，人的全部本领不过是耐心和时间的混合物。忍耐不是懦弱，而是一种勇敢；忍耐不是输，而是一种蓄势待发；忍耐不是否定，而是对接近理想的一种肯定。

忍耐，是人生的一项必修课程！

丰富的一天

2019年9月20日　星期五

早上，在校吃完早饭，我便开车赶在8点前到达了县明德学校，参加县读书协会的活动。这个活动是必须参加的，因为要上台领取奖状：阅读推广人。

启动仪式很隆重，县里分管领导出席了。之后又进行了最美

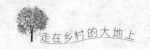

朗读者决赛活动。听他们的朗诵，我忽然有了一些不同的感受。

每个人的感情、音色、轻重缓急等不同，朗读带给人的感受就会不一样。台上十二个节目，各个都不一样。不一样的原因在于人不同。所以，每个人都可以是朗读者，都是独一无二的。虽然说朗读技巧要注意，但真正打动人心的却是感情。

我又发现，脱稿可以增加朗读的魅力。脱稿朗诵是比较困难的，很多选手选择读稿。但是，如果可以身临其境地把内容背出来，那种想象的意境就足以感染人了。这需要一种淡定和魄力，不是一下子就可以练好的。

PPT 和服装都是为了衬托朗读的作品，不能喧宾夺主。有的 PPT 上有无关的字，有些选手的服装风格不统一，都会给观众理解朗读作品带来一些阻隔，没有融合感。

结束时，我把所有选手的 PPT 资料都拷贝在 U 盘里。这些资料的积累对自己学校以后展开相关的活动很有借鉴意义。好的东西要用心去留意才行。

结束后，已经接近 12 点。我准备开车回学校，看来我是不能参加学校每月 20 日的党员活动日活动了。接到分管安全的副校长的电话，告知上午市里到学校暗访，从门卫到食堂出现很多问题。一上午没有喝一口水，我觉得自己轻飘飘得有些发虚。不能急着到校，我要先吃点饭才行。

四十分钟后回到乡镇，我找了一个小吃店，吃了一盘饺子。饭后到校，正好党员活动日活动结束了。今天为 9 月过入党日的同志买了一个蛋糕，看到他们在吃蛋糕，我很高兴。党员活动日可以有很多形式，这样才能不单调。下午 1 点多，我回到宿舍倒头便睡，要休息会儿。

下午第一节课，我带领学生走出了学校，去校外观察秋天。走在乡村的小路上，路过农田里的蚕桑基地，孩子们到大棚里观察了桑蚕吃桑叶的场景。又折回来在校园里寻找秋天。这次是命

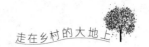

题作文《秋》。没有实际的观察体验，就会缺少写作素材。这个班的学生写作底子薄，需增加他们的写作练习。

第三节课，我让学生当堂写了作文。因为害怕他们会把自己的感受忘掉，及时记录是个好办法。听着他们写字的沙沙声，看见他们埋头专心写作文的样子，我很欣慰。只要给学生们提供一个观察的平台，他们是有话可说的。这是一个慢工夫，要不断坚持才行。

在第二节课的时间，我们召集了部分教干开会。针对上午市里检查的情况，列出问题，提出解决方法。分工明确，再次检查时间定在下周三下午。我深切感受到，想把门卫和食堂及实验室工作做好，前提条件是必须熟知其中的要求。所有负责人要认真学习揣摩文件要求，才能把相关工作做到位。

三节课后，绿化工程的老板在办公室等候，我们商量了一些工程再次认定价格的事情。时间拖到了 6 点多，我收拾物品离开了学校。一天就这样过去了。车里，播放着快节奏的动感音乐。我需要这些外在因素的刺激，让自己汲取一些力气。今天周五放假了，等待我的将是另一个阵地，接着我要照顾好自己的家。

今天是多么丰富多彩啊！

苏州之行

2019 年 9 月 26 日　星期四

9 月 22—23 日，我到苏州参加了 STEM 培训大会。本次活动是宿迁市综合实践培育站的第二次活动。开学以来，事情很多，

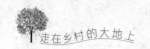

特别是恰逢 70 周年国庆，各项安全检查也特别多。

20 日周五上午，市检查组抽查了我们学校的安全方面工作，分别在门卫、食堂、化学实验室都发了在一些问题。恰好上午我不在，下午利用第二节课的时间，我们分别就问题进行分析，提出了整改意见和再次自查的时间。

22 日，当我坐在前往苏州的客车里时，工作群里就公示了抽查处理决定。县内抽查的九家学校，各个都有问题，校长全部被全县通报批评，责令整改和处罚。工作以来，我第一次被县里通报批评。分管安全的副校长打电话给我，向我道歉。我安慰他：有问题是正常的，知错能改就行了。其实心里很不是滋味。但是，作为第一责任人，我必须承担起所有的责任。必须要冲在最前面扛起责任，而不能让其他人代替。

苏州之行就这样开始了。在一个地方待久了，就会自然想到一个词：画地为牢。在这个人数偏少的薄弱学校，以前在大学校学到的一些好的管理方法，很多是没办法拿来直接运用的，只能联系实际加以变通。因为学生数偏少，所以办公经费就少。在别人看上去微笑的背后，我在发愁一个月的办公经费究竟够不够用。特别是过年时，广告公司、置办教师年货福利的老板催要账时，可能没有人会体会到自己不得已往后拖的复杂心情。

学校要往前走，要发展，离不开资金的支持。为了节省资金，食堂的抹布，我都建议网购。因为这样每块抹布可以节省几毛钱。男生宿舍厕所改造，我和后勤人员刻意地从水泥、沙子、瓷砖等，逐条与包工老板砍价，将两万四砍到了一万六。

包工老板嘲讽我："你是我见过最抠门的校长！学校的钱是你的吗？"我反驳他："学校的钱不是我的，也不是你的。学校资金有限，要把资金用在师生活动上。学校再漂亮，如果没有学生，漂亮还有什么用？这里给你留了一定的利润空间，如果你觉得不赚钱，可以不做！"老板听了哑口无言，最后点头要做。

就这样，一点点朝前走，还偿还了以前遗留下的几万元债。如果是上街买菜，如果钱不够，我是坚决不会去买，更不会赊账的，宁愿不吃。但是，上街买菜与学校管理的资金运作不同。思维要进行转变，有时还要提前消费。不然，学校没办法更好发展。

可是，资金的节省虽然能让学校正常运转，但不足以让它长足发展。要有长足发展，就要不断学习。不断学习外面的先进的经验，要打破画地为牢。如果你设想的理想状态，不能够实现，那么是否还要去构想？如果不去构想探索，只浮于事情表层，那么工作意义又在哪里？

一位老校长说过，校长一定要有乌托邦的精神。确实应该这样。在一个个平凡的日子里，一个个困难面前，能支撑人走过的是理想和信念。

所以，现在我离开了学校，到苏州来学习。STEM课程是全新的课程。可是，它在制作方面的资金投入太多。一个劳技老师上一节桥梁设计课，学校要花十几万去购买相应软件。没有强大的资金支撑，没法做STEM课程。它能在农村学校开花结果吗？这个问题值得思考。

第三天，育才的王校打电话给我，她在苏州参加民办学校校长培训活动。二十四日上午有个讲座很精彩，希望我能去听听。于是，身为公办学校的我又参加了一天半的民办校长培训。两个讲座，分别是翔宇集团校长和无锡天一中学校长开设的。后来又听了苏州外国语学校老师的两节课，参观了社团活动，倾听了苏外校长的学校介绍。

信息量太大，都是满满的干货和经验之谈。我连记笔记的时间都没有，只能快速拍下课件并录音，根本来不及消化。只能以后抽空再细琢磨、转化，丰富自己的学校构建设想。

25日下午，我坐了五个半小时的车回到了泗洪，苏州学习

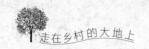

之行结束了。今天，当我来到学校，心里却在想着苏州外国语学校。在中国的大地上，有那么多优秀的学校存在，它们跟我们这所农村中学有着那么多的不同。如何实事求是、因地制宜地来管理这所学校呢？我将如何更好待你？

把你推到舞台上

2019年9月30日　星期一

9月30日是国庆放假前一天。下午最后两节课，我们举行了迎国庆红歌比赛。跟几位同事交流时，我才知道这所学校好多年都没有举行过唱歌比赛了。

昨晚晚读课时，我坐在办公室里看书，就听到前面教学楼传来的歌声《我和我的祖国》。好几个班级都在练这首必唱曲。歌声回荡在校园，飘入我的办公室。校园里飘荡的学生的歌声如同桂花香，沁人心脾。

我不禁怦然心动，不禁自责：我来这所学校两年了，为什么前两年我没有想到要举行红歌比赛？反过来去思考，学校要怎样开展有利于学生的活动呢？其实，学习别校的途径有很多，最简单的途径就是网络。仔细去思考对比学校的一些活动，拓宽自己的眼界。然后根据实际情况恰当运用就行了。

比赛前，政教处张主任担心唱歌的效果不好。我安慰他："没关系。只要把学生推到舞台上，他们能把歌唱完，即使跑调，也算成功了！"

我们没有报告厅，室内大型场地只有食堂，里面没有专门舞台。后勤已经提前买好红地毯和花儿。红地毯铺在地上，布置了一个空间意义上的平地舞台。鲜艳的塑料花摆在红地毯前面，映衬得舞台很突出，创设了舞台的氛围。今天，我们还特地从附近的小学借了合唱用的阶梯，这样学生可以一排一排站上去，显得有层次感。

每个班的学生在班主任的带领下，走向舞台，在台上各唱两首红歌。一首必唱曲，一首自选曲。

张主任预料的事情出现了。有的班级的歌儿真的唱跑调啦。有的孩子没有细心去听音乐，而是跟着自己的感觉在唱。当音乐声已经结束时，他们却仍旧继续努力地唱着，好似音乐是多余的。他们坚持把剩下的一截在无音乐的情况下，唱完才停止。惹得下面的评委老师们都开心地哈哈大笑起来。

我仔细观察了一些班级情况。七年级（2）班全班学生中有6个学生眼睛没敢朝前面的观众看，其中一个女生头低低的，始终朝地上望；初二的全体学生眼睛都朝前看了，我们能感受到他们很努力，却稍微有些紧张；初三的学生却是落落大方，笑容满面。

这些看得见的变化，让我们惊喜地发现，学生在初中三年的状态是在不断地变好。这种改变让我们的付出变得那么有意义，这也许就是教育的力量。

明明知道，你们会跑调，会紧张，但我们还是要把你们推到舞台上。因为，你们要看见自己经过努力后的变成的样子。大合唱能够带给学生什么？学会克制、学会守规则、学会合作、学会去向往美好的情感、学会去发现自己会越来越好，太多太多……

我把自己的感慨发给了一个老领导，他给我回了一句话：教育的本质，是提升人实现自身价值的能力！这句话说得真好。是的，不管一个人是谁，只要能实现自身价值就是在进步。不断学习，不断进步，幸福就会在心中！

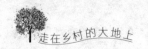

不断开展活动，把学生推到舞台上，就是在提升学生实现自身价值的能力。学校活动带给学生的益处将会给学生打下坚实的人生基础。

读书，让生活更好

2019年10月6日　星期天

今天是国庆长假的第六天，中午学校党建室要进行文化布置。恰巧一个朋友去乡下出礼，于是，上午我就搭顺风车，来到了学校，看看布置情况。

我的办公室已经搬到了三楼，原来的一楼办公室改为党建室兼大接待室。因为原来的党建室在三楼，爬楼不太方便。如果来人较多，放在大会议室不太合适，空旷。所以需要重新找一个功能相对多些的小房间才行。而我原来的一楼办公室是最好的选择。

原先的长桌照用，重新配置了椅子。看着空的地方较多，我建议后勤又选购了沙发。我提议选了孔雀蓝颜色的一套沙发，又把原来的单薄的浅灰色窗帘换成了厚实的同色系窗帘。同时，把金边吊兰的白色花盆全部换成了自吸水的绿色花盆。

选择孔雀蓝颜色的沙发让他们很吃惊，因为印象中办公沙发都是比较呆板的黑色调。可是，我对传统的办公沙发的颜色，实在看不上眼。总认为，办公场所应该融入家装风格在里面，不能总是冷冰冰的感觉。今天看了一下整体效果，如我所愿。

很多时候，外在的环境对自己是有着耳濡目染的影响的。面对一盆塑料花和面对一盆真花，那种对心灵的冲击是不同的。三分装修，七分装饰。不一定要花很多钱去买昂贵的装饰品，只要恰当，就能营造出那种想要的感觉。

这个接待室可以容纳二十多个党员学习。如果来四五个领导，也可以坐在孔雀蓝的皮沙发上惬意地喝茶。一边有政治的庄重，一边又有休闲的轻松。两块区域，不同的风格。而对于党建室的文化布置方案，我跟广告公司的设计人员进行沟通，修改了十几次才定的稿。不能说完美，但比第一次设计得好太多。

从一楼走到我三楼的办公室，明显感觉到两侧文化氛围不足。只要你去细心地琢磨思考，每一面墙都可以做很多文章。忽然，我想起了以前去参观的一些学校，只要参照它们的，找出适合自己学校的，就可以恰当运用。

我强烈地感觉到，一个教育工作者一定要有较强的审美能力。因为只有这样，你才能提出更高的要求。如何提高审美能力？可能只有一种方法：学习。向书本学，向别人学等。

3点多，坐着朋友的车离开学校，好友问我是如何看书的。我想了想告诉他有三个步骤：首先，看时在书上画出喜欢的语句，并写下只言片语的感受；其次，对勾画的部分进行二次整理，抄在自己的笔记本上。最后，写下自己对这本书的思考。

其实，每个人看书的方式不同。我也尝试过一些方法，但是，适合自己的是这三个步骤，很扎实。朋友说，他能做到第一步，因为后面两步要有足够的时间保证才行。他说得有道理，我反问他："书太多了，你永远都看不完。那么，书究竟给你留下了什么？激发自己的思考和借鉴才是最重要的。"

说到看书，其实，还有一个问题：为什么要看书？很多时候，当我疲惫地回到办公室，唯有书籍能让我迅速摆脱疲惫。它对于我是一种不可或缺的需求。我无法想象，如果没有书籍拓宽视野和引领发展，自己究竟会是什么模样？

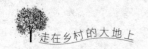

忽然想起，前段时间看完的《羊皮卷》和《教育的使命——一位美国名师的课堂反思》。这两本书都留下了圈点勾画，现在都没做笔记、没写反思。现在想想，它们给我留下了什么？

《羊皮卷》是一本很有力量的书籍，犹如一炷明烛，照亮你的人生之路。它很励志，具有一定的指导性。《教育的使命》则是一位数学老师写的教学观察，里面对学生的种种表现描写得妙趣横生。从心理学的角度分析了学生各种行为背后的深层原因。看着这些熟悉的课堂描述场景，我忽然发出疑问：作者是怎么写出这本书的？只有一种方法：及时记录！这是我们这些教育工作者值得借鉴的。

这两本书，如果说有一些思考，可能也只有上面这一段内容。这两本书都是在最近看完的。但是，从结果看，《羊皮卷》读时热血澎湃，可是我却记不住里面的内容，比较模糊。而《教育的使命》带给我的是真实有趣。

一个老师可以用文字把琐碎的学生课堂表现描述出来，并且去分析学生表现背后的真实原因，这是真正的教育观察。这本书若在国内，可能对评特级教师没有太大用处。因为它关乎学科性专业知识比较少，更侧重学生的表现，体现不出较多的学科性特点。可是，它是那么真实而有意义，它就是平时的教育课堂状态。他的教育教学困惑，可能我们也都有过。教育思考没有那么多高大上，就在我们平时的琐碎的教育教学中。只要你有心去记录，就会有价值。

通过这两本书留下印象的对比，我忽然发现，所谓的读书，可能就是培养思维习惯和锻炼我们的思维能力。有了较好的思维习惯和较强的思维能力，我们才可能更好地处理工作生活中的问题。

可是，这个世界的书籍太多了，穷极一生，我们都看不完。那么，我们要看哪些书呢？

看美学方面和园林设计方面的书籍，可以提高自己的鉴赏能力，相关知识可以实践于学校设计中，还可以在选择物品上有较好的眼光；看哲理类励志等书籍，可以为自己工作生活奠基，勇敢面对生活；看管理类、教学类书籍，作用就更大了，学习、借鉴、反思，它们为自己的教育教学管理开疆扩土。

当然，看的书远不止这些，它们所起的作用也远不止如此。可是，最根本的可能就是要有用！这是最现实的看书选择的方向。针对现实中的问题，选择相关的书籍，再解决这些问题，这应该是中心。围绕这个中心，再辅以其他书籍为搭配，才能让自己和生活更加丰实。

基于现实，确立看书方向。我们要去思考书中的知识，在生活中借鉴反思总结，让生活越来越好。可能只有这样，才不至于让自己身陷茫茫书海中找不到方向。

借力，走得更好

2019年10月11日　星期五

上午，我们一行五位老师在县里参加了一个教育集团的教研活动。我们学校不属于这个集团，但是我希望跟着姚校学习运作悟学模式。昨天上午，我特意去学校拜访了姚校，与他商讨了两校一起深入学习悟学模式的事情。恰巧今天他们集团有活动，我就带着四个老师来听课了。

我越来越强烈地感受到，只有不断想办法克服困难，才能有所进步。我们农村的课堂存在很多问题：容量小、满堂灌、课堂反馈不够等。这些问题必须借助一定的课堂形式来解决。课前，

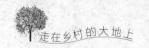
学生要预习，课堂要有学生预学的问题，最后要有当堂反馈才行。这些看似简单，但是，在全校课堂全面铺开，却需要花很多功夫，会出现很多问题。需要耐心和恒心，更需要毅力。

上午听了两节课和一场讲座后，我们回到学校。下午上了第一节课，紧接着又倾听了一场课题讲座。本学期，我大力推行每位教师都要参与课题研究，人人有课题才行。所以，我邀请了县里的专家来做报告《如何做课题》。看着老师们认真倾听的样子，我很高兴。

暑期时，我就狂想，从我在这个学校的第三年开始，要人人都有课题，要给教师每个月开一次讲座，给学生每个学期开两次讲座。

这样，教师从做校课题开始，学习围绕一个点去做研究，慢慢地去接触课题。我们把这项纳入绩效工资里，引起老师重视。教师一年可以听9场讲座，三年在校可以听27场讲座。而学生三年可以听12场讲座。这些讲座内容丰富，涉及很多方面。讲课人员可以是专家、家长、本校教师等。

学校需要新鲜的事物，让师生心胸变得开阔起来。

工作要不断去开拓，不能故步自封。一切都在开拓中慢慢改变，它看不见，却能感受得到。而我所要做的，还要不断去了解其他学校的动态。要善于去借力，来促进自己学校的发展。不能孤陋寡闻、闭门造车。

高端设计相当重要，不怕做不到，就怕想不到。方向对了，剩下的就是坚持。当我发现自己没有能力去创造一个好的教学模式、没有现成的让乡村薄弱学校崛起的优秀经验时，那就要学会借鉴模仿。当然，具体内容要实事求是、因地制宜才行。

善于学习，不断借力，才能促进自己学校的发展。格局要大，站位要高，看得要远。站在这片乡村的大地上，我感受到这所学校的脉搏开始变得强劲有力！

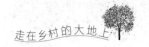

抓住课堂上意外的发现

2019年10月14日　星期一

今天上了一篇冰心的散文诗《荷叶·母亲》。这篇课文我备课并不充分，课堂上我直接用了课件，跟着课件走。但是，我却有了意外的发现，居然取得了较好的效果。

文中有三处描写红莲，我设计成表格分别让学生找出环境、状态、心情。文章中四五六段中有相应的句子，这个对学生难度不大。学生在文中找到的心情对应的词或句子是：烦闷、不适意、不宁的心绪散尽了。

第一个词"烦闷"，学生很好理解。但是"不适意"理解起来有多重意思。"不宁的心绪散尽了"不能算是心情。可那又是什么样的心情呢？应该用其他词语来代替这一句话。

冰心在写这首散文诗时，所用的语言比现在含蓄得多，它其实不太符合现代白话文描述的习惯。针对七年级学生来说，后两个表示心情的词或句子后面应该蕴含着很多意味。于是，我让学生去体会"不适意""不宁的心绪散尽了"的意思。于是，"不适意"对应了难过、悲伤、不高兴等词语，"不宁的心绪散尽了"则对应了高兴、快乐、舒服等词语。

在这些词语的替换中，提高了学生对于红莲描写的认识，更加体会了作者对于红莲的情感。而贴近学生生活的词语迁移到文本中的句子，这是一种贴近生活的嫁接。

这节课，一开始学生回答问题是不积极的。我突发奇想了一个办法：一周六节语文课，课代表统计每节课发言的学生。每节课回答三次封顶，再多只记录三次。一周统计一次，前五名，老师奖励奖品。若有学生每周只回答过两次问题，老师要谈话批评了。

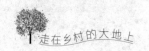
　　这个办法一公布，学生们如同雨后春笋般积极踊跃地站起来回答问题。我忽然意识到，管理班级也好，学校也罢，一个好的制度相当重要。充满激励的制度和适度的惩戒相结合，可以起到较好的效果。

　　教师在课堂上要善于观察学生，当发现学生不理解课本中的内容时，要善于联系学生实际进行连接。在课堂上，教师关注学生的同时，还要发现自己的疑惑，及时调整教学问题。要多多调动学生的学习积极、踊跃回答问题才行。

　　抓住课堂上意外的发现，教师就能提高自己对课堂的敏感度，从而不断提高驾驭课堂的能力。

反思教学模式

2019 年 10 月 15 日　星期二

　　上周，我们从五个学科中各选一位老师到县通州实验学校去听课。回来后，我们在周一就召开了座谈会。五位老师分别诉说了自己的想法，我进行了总结。悟学课堂分成三个部分，第一部分，学生要预习新知识，教师出示几个预习后可以找到答案的问题。第二部分是教师自己上课，发挥自己的特点。第三部分是当堂练习后课堂反馈。

　　其实不管是悟学模式，还是洋思模式，都有一个共同的特点，最后都有学生练习，并进行当堂反馈。当堂反馈就是把重点知识进行巩固。其实很多模式都是相通的，我们在平时的教学中可能都遇到过。但是，可能没有上升到一个模式的高度。它并不

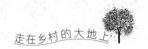

神秘，符合人的认知特点。

又有一个新的发现，其中一节地理课，老师采用的是学了一个知识点，就进行当堂测试的方法。学过就反馈，效果很好。

再深入地想下去，地理课都是一周两节，没有晚自习时间可以进行练习巩固。有时，两节课之间间隔较长。不管教什么新授知识，没有及时巩固，学生是没有办法及时掌握新知识的。那么，只有一个办法，就是课堂及时反馈。

所有的小科，如政史地生等，都应该如此。否则，只是一味讲解新知，课后再做些题目，效果不会太理想。课堂及时反馈，应该是最好的方法。它符合副科的特点。

而主科语数外等，虽然有晚自习等时间进行练习，但是作为学生，课堂反馈可以及时巩固新学的知识，让学生明确自己掌握的情况。

当然，学科不同，所采用的方法会有所区别。可是，这里还涉及很多的问题。比如，数学学科可以用几道题目把知识点进行检测。可是，语文怎么来检测？因为语文的知识点比较散，又有读写的特点。有时无法用一道题目来进行检测。如果用字词来检测，它只不过是其中一个小知识点而已。也就是说，语文课堂反馈的题目具有一定的局限性。

同样，小科老师利用边上边测的方法，具有一定的实效性。但是，面临一个问题，课堂的连贯性会不断地被打断。取而代之的是对知识点掌握的重视。

如同喜欢一幅画，可能我只知道它很漂亮，只是喜欢，但是，我却不知道它为什么好看？是否，我要先看一部分图画，然后再学一点鉴赏的知识呢？如果，我学会了鉴赏知识，那么还会有一开始毫无理由的喜欢吗？

这是一个矛盾之处，最终知识的获取是为了什么？直指测试的教学，抓住了知识的获取，可能无意中又会弄丢什么。教育是无极限的、复杂的，哪种方法好。也许难有定论。

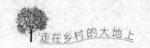
最狂的风和最静的海

2019年10月16日　星期三

　　今天早上五点半起床，早上值班，来到操场跟学生们一起跑步。学生们站在教学楼前背书，我也拿了一本书，巡视一会儿后就看几页。读书真好。我站在这片乡村大地上，与学生们一起，手捧着书读着。因为读书，我们的心已经飞越了这片土地，让我们看到了不一样的世界。

　　吃完早饭，开始巡视校园。第一节课处理了几份文件，其中有两项特别紧急。于是，第二节课紧急召开了全体教干会议。把两项任务进行了明确分工，强调了时间节点和负责人。

　　做事最忌讳责任不明，所以，细化任务时必须点名具体负责人。我又叮嘱三位副校长利用三天时间，及时召开所负责年级的学生月考分析会。考试过后的分析必须及时，否则就弱化了最佳的效果。

　　为什么要这么急地布置事情？因为，下午我要到南京参加为期三天的培训，必须提前把学校的事情布置好。

　　第三节课上了一节《从百草园到三味书屋》。课堂里学生们很是兴奋，因为我让他们联系自己的生活实际去体会鲁迅的念书生活。让学生去读、去想、去说，就很容易去把握文章的思想感情。

　　下课了，一个女生大声地说："怎么过得这么快呀？"几个男生围过来，略带羞涩地真诚地告诉我："我们喜欢语文课，有趣。我们越来越喜欢了。我们喜欢你——向老师！"

　　我反问他们："你们最喜欢哪门学科？""语文！"他们齐声回答，毫不保留自己的热情。

我故意打趣他们："那可不行哦，那就偏科了。不能偏科，就好像，我昨晚看见有的男生只吃马铃薯，却不吃白菜平菇一样，挑食会营养不良的。"学生听了哈哈大笑。

其实，我的心里高兴得不得了。还有什么比学生喜欢你、喜欢上你的课还高的表扬呢？这可能是一个站在讲台上的老师想要的最好的奖励了。师生之间这种感情的交流，让上课变得那么快乐。你去关注学生的状态，恰当地评价学生，他们会越来越好。

在食堂匆匆吃点午饭，收拾好东西，我便在校门口等公交车，因为家里的车在修理。坐了近一个小时的车，又转坐三轮车才回到家。当提着电脑包站在小区的北门，我觉得自己好像好久没有回到这个地方了。穿越一般，回到了另一个世界。

我在学校度过的三天，仿佛过了三个月。每天的 24 小时，除了睡觉的几个小时外，很多时间都被充分有目的地利用了。马不停蹄地去思考去做一件又一件事情。思量着在做的事和要做的事，会出现什么样的不到位之处，怎么样才能避免这些。

一路的公交车颠簸，让我很是疲惫，头好像要炸了。到家，整个人趴在床上不想动弹。休息了一会儿，赶紧收拾衣物，打的到城北车站坐车去南京。

路上，我翻看包里带的《墨菲定律》，时不时眺望窗外的景色。慢慢地自己变得沉静下来。可能自己想要好多东西，也有好多事情没做。但是，也可以什么都不要、什么都不做，就这样放空自己，去静静地看书里的世界。

外在的一切，不管怎样，自己都要坦然地去面对。默默接受，不让自己的心情陷入低潮。可能，最终所期待的就是一种平和的心态，温柔地对待自己。

忽然想起孩子笔袋上的一句话：我需要最狂的风和最静的海。生活其实不易，工作其实很辛苦。可是不易和辛苦的背后，实现自我价值的快乐也会如影随形。

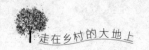

好课是不断修改出来的

2019 年 10 月 21 日　星期一

　　本周是悟学课堂研讨课活动，共有五位老师开课。今天第二节课，我在大会议室上了语文——第三单元的作文指导课。在县通州实验学校听了钟石老师同样内容的一节课，我对教学设计进行了适当修改。但是，对教学设计的某些设置，总觉得有些不对劲，却不知道该如何去修改。

　　第四节课，我们语文组的老师们进行了评课。之前的一些疑惑得到了再现和解决。

　　问题一：词语概括与描写方法运用，谁是主角？

　　选择三位同学，找出他们的特点和性格。比如，评价一个学生：胖、高、黑、男生、唠叨等，评价一个女生：矮、瘦、白、弱、活泼开朗等。这些都是词语。

　　学生概括出台上学生的特点后，教师反问：当我们知道了这些特点，是否就知道这个人就是这个同学？答案很明显，要借助人物描写的方法进行描述才可以。这样，自然就引出了对人物描写方法的介绍。

　　然而，我们的目标是学习人物描写的方法，用较长的时间开展找特点活动，只是为了引出描写方法的介绍。这样就有点喧宾夺主了。如何恰当运用这个活动？需要再后续一步，把这些词语放到句子中去。

　　为了说明学生的性格，肯定会用一些事例来加以支撑说明。自然就涉及各种描写方法。这样，这个活动就充分发挥了自己的作用。它不是引起下面对描写方法的说明，而是描写的方法就包含在里面。后面对描写方法的介绍，相反成了前面学生举例的总结和说明。对教学目标的指向性很强。

教学方法总结：把词语放入具体的事例中加以描述，就运用了描写方法。然后具体介绍描写方法的知识。

问题二：名著中人物的举例叠加如何取舍？

在放大个性、凸显特点环节中，学生先回顾经典《水浒传》《三国演义》中的比较有特点的人物，结合事例进行交流。然后，补充两个具体事例：《登徒子好色赋》中关于东方之子的美的描述，《儒林外史》中关于严监生临终前伸出两个手指的描述。

这些都是名著，涉及教材内外。有学生自己的感悟，也有教师指定欣赏的片段。但举例太多了，容易重复。应看过人物漫画后，总结出特点，回顾经典中人物特点。这个环节可以引申出很多人物。把《登徒子好色赋》的例子去掉，因为古文阅读有一定的困难，《儒林外史》中严监生的例子可以保留。

教学方法总结：重复的例子要适当去掉，不可太多。不能反复问，还要考虑学生接受能力。当然，要注意过渡的自然。

问题三：抓住多个问题，还是抓住一个全面开花？

这堂课是教师设计在前，设置了多个问题。是否可以有一个主问题，然后生发出其他的问题。这样会显得错落有致，自然无痕。环节中，只保留找学生特点这个问题，引出描写方法。然后，回想名著中人物的特点。最后，对自己的描写再进行修改。

教学方法总结：这种方法也很好，把板块式的教学改为以学生为主的设计。跟着学生的思路去走，适当点拨。恰当对学生进行评价和点拨。当然，这需要教师拥有较强的课堂驾驭能力。

没有最好，只有更好。课也是如此，没有完美的课。评课中，我们探讨着如何将一些突兀的地方进行修改，碰撞出了一些解决的方法。我期待着能在别的班级再上一遍、两遍，在不断修改后的对比中，更进一步体会教学方法的改变所取得的不同的效果。

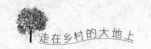
好课是修改出来的。在对教学设计的不断修改和实践对比中，课堂教学的美妙就产生了。这种探索发现，让人很着迷！

视导检查

2019 年 10 月 23 日　星期三

今天，我们迎来了县视导检查，一行七人。今年的视导检查相比前两年都要早。一般在 12 月检查，那时所有课都上得差不多了。现在，开学不到两个月，教师的一些备课作业等数量都不太多，学校举办的活动也不太多。这样一来，呈现的资料肯定不会太丰富。但是，还是要精心去准备。

在下午第二节课的总结会上，检查组的领队和组长给予了我们工作肯定，又提出了建议。与前两年的视导准备工作相比，今年有了很多进步。细思量，进步的地方在于准备充分。

首先，关于教学方面的工作要求细致到位。

教师备课、作业、辅导记录，以及月考工作（安排、分数、分析会、优秀学生表扬等）、公开课、集体备课、各种师生教研活动等过程性资料图片，社团开展和功能室使用的过程性资料等。这些必查的资料，在平时，教务教科都进行了细致的要求。

一般情况下文字资料、图片资料都是必须要有的。如果是活动，那么资料就包含：通知、过程性文字资料和图片、获奖名次展示、美篇、广告栏宣传图片等。

经过两年的实践，教学方面已经能够初步做到严格要求，严格要求是相当重要的。如果某项工作没有做到位，极有可能是因

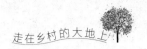

为要求不到位。

第二，各项资料注重收集整理。

光要求到位是不够的，注重收集整理才行。这就要求负责的教干功夫要花在平时，及时进行整理。一项工作一项工作清。而每月进行检查是对资料较好整理的保证。及时检查，及时督促，及时整改。

第三，制度是有效完成工作的保障。

面对视导检查的内容，让这些工作能够按照要求做好，但实际会遇到很多困难。所以，我们把这些内容全部写进了绩效工资里。完成的数量和质量都能用绩效体现，变成了可以测算的数据。这个方法盘活了整个教学工作。

让老师们知道，他所做的工作都会在绩效中有所体现。干与不干不一样，干不好与干得好也不同。每月按时公示绩效得分，及时反馈。没有一个适宜的制度作为保障，要求再严的工作都可能流产。

这次视导，教干们特别注意了几个细节之处。

所有资料，全部统一封面，统一格式，抽拉杆夹住。这样会很有条理，体现了重视程度。资料内容要具有一定的佐证功能，文字图片、过程性活动资料等要齐全。政教处细致检查所有卫生区、教室等，对卫生、环境等再统一要求。不到位要立刻整改，现场办公，效率很高。

管理是一门学问，要去探索。每件事都有它的规律，想把事情做好，必须花功夫去深入钻研。一天紧张的视导检查结束了，比较圆满，得到了预想的效果。

可是，每一件工作还有那么多可以开拓的空间。不懂就问，不会就学。要有耐心、信心和恒心，只要在进步，就会越来越好！

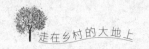

走与不走的思量

2019 年 10 月 24 日　星期四

昨天一天视导结束后，我搭乘同事的车，回到了离开三天的家。路上遇到一个朋友。她很感兴趣地问了我一个问题："你什么时候调来县城学校当校长啊？怎么还在乡下？"我反问她："为什么调来县城学校做校长呢？"她兴奋地说："在县城做校长多光荣啊！离家又近。"

我笑笑回答她："在哪儿做校长都一样。即使给你一个大学校，没有本事也是不行的。关键是自己要不断学习，要有本事！"她连连点头称是。

欲戴王冠必受其重，任何事情都有两面性。学校越大，事情就会越多。我无法去想象，如果在一个大的学校工作，是否还可以像在这所农村小学校一样，下午三节课后，自己还可以安静恣意地在办公室里敲着键盘写文章？

今早，同样搭乘同事的车回到学校，忽然想起一个朋友。他可能拥有了一名老师职业生涯中想得到的所有荣耀——特级教师、正高级、333 培养工程、拔尖人才等。可是，他最终选择去外地工作。每个人都有自己的不同追求，不予评论。

我对他写的教育方面的公众号文章不再感兴趣了，总是觉得缺了点什么。虽然，文章里还是有着他的思辨和热烈的教育追求。但是，他对教育思考的执着，似乎再也打动不了我了。

我不禁想到了苏联教育家苏霍姆林斯基。他是从 17 岁即开始投身教育，在家乡一所农村完全初中——帕甫雷什中学做了二十多年校长。他一生写下了 41 本教育专著，600 多篇论文和1200 多篇童话、故事和短篇。他还荣获过国家功勋教师奖章、列宁勋章等。他写的教育五卷本，深深震撼了我。什么样的人可以如此长期坚持细腻地观察教育现象？什么样的人可以安心地在农村学校钻研一辈子，却不选择离开？

如果，苏霍姆林斯基生活在当今社会，以他的荣誉和成就，如果他选择离开，去的可能是北京抑或国外。任何地方的人才引进都会接纳他。反过来去思量，苏霍姆林斯基为什么不选择离开，他究竟又想要什么？

昨晚，一个朋友发信息告诉我即将去外地参加同姓的宗亲聚会。我问他：宗亲聚会最终是为了什么？他回复我：姓氏起源，当今社会共谋发展。我给他回了五个字：寻根，归属感。

一个人与同姓氏的人一起参加宗亲活动，就会有一种姓氏的归属感。这种归属感可能是很多人缺失的。有着同样姓氏的宗亲，能让人生发出家族的感情。这种家族感、归属感，带给人的可能就是安全感和踏实感。

大学校与小学校有区别，县城与省城有区别。在职位或工作地点的变动中，学校可以不断更换。可是，最终想要什么呢？在换了很多个单位后，是否会有苏霍姆林斯基的心安和同姓氏宗亲的归属感？

乡下、县城、省城，环境不同，学校不同。可是，没有完美的学校，任何一所学校都有它有待改善的地方。不管在哪个单位，我们所要构建的可能只是自己心中的教育王国，进而提升自己实现自身价值的能力。

这个理想的教育王国在自己的努力下不断完善，它似乎凌驾于所有学校之上。它带着自己的温度和情感，思考和快乐。不管是否离开，都要努力让这个教育王国春暖花开，绚丽多彩。这样才会踏实心安，一切变得有意义！

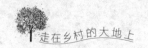

准备两项重要活动

2019年10月28日　星期一

今天周一例会上，重点布置了两件事：本周三下午的家长开放日，周三晚上的体育艺术节文艺晚会。

家长开放日要做哪些事情？家长到校听一节课，与任课教师交流、参观校园、召开座谈会，到食堂就餐等。打开大门，把我们常态化的管理呈现给家长们看。听课、交流、看宿舍、品饭菜等。

特别是在农村学校，如果有家长在班里听老师上课，这对孩子会有什么影响？这种参与，会告诉孩子们，家长是如此在乎他们的学习。这种重视很重要，哪怕到班的家长很少，所起效果仍旧会很好。

打开大门，让家长走进来。让他们看一看，走一走，能够增进了解。我们的硬件不是一流的，但是，环境可以很干净整洁。如同一个农村的孩子，没有华丽的衣服，却很质朴。

体育艺术节文艺晚会，是在体育运动会举行以后开始的。这台晚会的主角是师生，有相声、舞蹈、合唱等节目。其实在这所人数偏少的农村初中，想组织一场全校大型的表演活动是很不容易的。学生人数少，学校只有一个五十多岁的非专业的音乐教师。十几个节目，几乎动用了所有师生。

今年的文艺晚会是我到这所学校第三年的第三届。它搭建了一个师生展示的平台，更重要的是敞开了校门。乡里三套班子领导、大队书记村长、乡各机关单位负责人、局部分领导、家长等，都邀请来了。这些领导、家长是我们学校的贵客，全校所有的教干、老师都分配了相应的任务。

以这些活动为抓手，究竟想要什么？自信心、成就感、凝聚力，还有师生那种不断发现自我、认识自我的能力。这些看不见的改变，正让这所学校悄悄发生了变化。

我们不能光看见眼前的分数，还要看得更远。那里有一个个更好的自己，阳光地面对生活，而分数只不过是这些活动的附属品。打开大门，学校、家庭与社会三者面对面交流，会产生很多微妙的变化。然后，向着更好出发！

渴　望

2019年11月2日　星期六

今天上午我坐车来到了南京，参加了江苏省青年教育家型教师培养工程（2018年）第八次集中研修。这次研修是结合2019年首届长三角名校长发展大会开展的。下午两点，大会在华东饭店准时开始。

首先江苏教院和省教育厅的部分领导致辞。然后是两场讲座。华东师范大学国际慕课研究中心的陈玉琨教授开讲《智能化时代未来学校的变革》；无锡南外国王国际学校校长沈茂德开讲《关于品质学校的探索与畅想》。会上，我认真做了笔记，并把课件拍了照片。

接着，在原省教科所所长成尚荣的主持下，又开设了几个知名校长的论坛，主题是关于新时代教育改革认识方面的内容。成所长已经七十九岁了，但是身板硬朗，思维敏捷，思辨能力很强。他的表现让我惊叹，一个七十九岁的老人居然可以活得如此

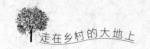

精彩，还如此牵挂教育！

看着台上的专家，我自问：究竟要读多少书，做多少事，走多少路，才能到达他们的状态？他们让我仰视。针对两场讲座里的内容，我要梳理内容进行归类。我在桌面上创建一个文件夹，起个名字：乌托邦。想把一些好的点子全部记录搜集在内。时常看一看，进行补充。慢慢整理出自己心目中的学校的样子。这个很重要，它是自己的理想。不管我走到哪所学校，都是对这个理想的不断完善。

讲座的内容偏重于关于教育的文件精神和教育理念的理解，没有涉及学校具体的管理方法。其实，管理并不是了解了文件精神、深入掌握了教育理念就能做好的。校情不同，制度就不同，管理方法就会有所变化。

曾经在本子上写过一段话：我有很多想法，但很多想法在资金面前止步。如果止步没有想法，那么现在努力的意义又在哪里？

学生少，办公经费就少，这个小学校有时举步维艰。最困难时是放寒假前的一个月，因为天冷用了空调，水电费可能就会把一个月的办公经费花完。更不要谈其他很多需要花钱的地方了。

在那个艰苦的时间段，我鼓足勇气傻傻地去找乡领导："水费、电费能否打八折？"领导听了愣了一下，接着笑得合不拢嘴，反问我："你究竟穷到了什么程度？"

在资金紧缺的日子里，连抹布都是从网上买的，因为每块抹布的网购价可以比县城的批发价便宜几毛钱。在有限的资金里，我们完成了宿舍、食堂的改造。把学校的树木重新移栽组合，让校园初步看着舒服点。几乎所有的师生奖品都用盆栽花来代替，因为一盆花可以控制在 30 元以内，可以节约成本。同时，一般师生都不会把花带回家，花儿还美化了办公室、教室。一举两得，两全其美。

　　在资金紧缺的情况下，自己看上去很轻松，其实很是沉重地在往前走。可能没有人能体会到我的压力。曾经有老师建议：早晚自习的费用，不要从绩效里出，学校出钱。我直接告诉他："学校出不起这笔费用！如果不上早晚自习，老师会很轻松，可是学生可能会流失到县城或其他学校更多。"

　　一个校长能把一所学校变得更好，才叫有能力。管理方法很重要，这才是我们真正要学习的地方。

　　忽然想起延安的抗大，没有教室，没有课桌。在教学物质极其匮乏的情况下，还是培养了那么多的人才。工作中，有困难，但终究也会找到解决困难的方法。一定要用心去学习优秀学校的经验，加以因地制宜地运用。目标不变，殊途同归，适合的才是最好的。

　　有人用一句话概括画家凡·高的一生：在薄凉的世界深情地活着。现在已经不是薄凉社会，那么我们更要深情地活着。一个个学校只是一个个不同的教育载体，我们要做的是带着研究的目光去看它，然后想办法让学校越来越好。老百姓对教育的美好期望，就是我们奋斗的目标。坚定不移地去学习、实践、反思。不能故步自封，裹足不前。

　　我要把上面写在本子上的话改一下：

　　我有很多想法，
　　但很多想法会在资金面前止步。
　　但想法不能止步，
　　那是现在的努力里，饱含的深情渴望。

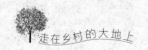

周末遐思

2019 年 11 月 10 日　星期天

今天周日，上午在运动场跳操近一个小时，然后到菜场买菜。真的很喜欢这种感觉，仿佛时间都是自己的，由自己掌控。穿梭在菜场，处处生机盎然。脑中盘算着中午想做的饭菜，然后计划着买哪些食材。

很多时候觉得做一名家庭主妇是很了不起的。一日三餐、家务、孩子等，能把这些事情做好是很费心思和时间的。回到家便拿起书来看了近一个小时。上次在南京听了无锡南外国王学校校长沈茂德校长的讲座，买了他两本书，我想从中汲取点营养，它可以支撑我充满希望地走下去。

周日中午孩子放四个小时的假，中午 11 点，我赶紧做饭。很快孩子回来了，她兴冲冲地跑到厨房看看做了什么好吃的。我把香辣鸡块放在微波炉里加热，放在餐桌上。然后打开孩子的门，让她来吃。房门打开，却没看见人。疑惑中，忽然发现，她正坐在床边的地板上，手里捧着书在看。冬日的阳光洒进卧室，笼罩在她和书上。

我不知道孩子未来会怎样，但爱读书爱思考的孩子不会变坏；体育又比较好，应该也能吃苦。我很欣慰，这两样，她都有。我让她帮我炸春卷，外焦里嫩。我们娘俩好久没有一起做饭了。吃饭时，我比较疲惫，只喝了一碗汤，吃了几口菜，就进房间准备睡觉。我吩咐她把碗刷了，然后帮我滴几滴眼药水。

她很懂事地完成了我交代的事情，并安慰我好好休息。这段时间学校活动多，很忙。再加上外出培训，又有赛课，自己很是疲惫。一天早上，低头洗脸，当我抬头看镜子时，忽然发现右眼大面积充血了。我赶紧找医生看看，拿了些药。

日子可能就是这样，在你奋力奔跑后，总会要用时间去休整。昨天周六上午，我就单独开车去临淮镇看了省龙舟赛（泗洪赛区），放松休息下。我穿上了红色配小蓝花的加绒长连衣裙，还戴了一顶米色帽子。走在河边，看龙舟赛，有种度假的感觉。冬日的风冷飕飕地吹过，仿佛整个人都是新的了。看到比赛中那团结拼搏的场景，激动不已。我把拍的视频发在了朋友圈，配了一行字：专注的拼搏，撼人的力量。

下午三点多，孩子上学后，我收拾了下，开车回到了学校。因为周日晚上所有学生返校。于是，很多事情又回到了心里。学校管理、班级教学、自身学习等，太多太多。忙和累，已经不能来形容工作了。忙和累其实都不算什么，心里害怕的是忧虑和不安。我不希望自己在这两个词里游走，希望自己可以坚强面对。

在我的宿舍里，我在墙上的黑板上，写下一行字：如果不自律，你将一事无成。是的，生活需要目标，更需要有规划的行动。解决忧虑和不安的最好的方法，可能就是不断学习。多思考、多归纳、多总结。

生活需要方向，找到方向后，就是制定计划去行动，要有苦行僧般的自律和坚持。走一条路，做一件事。就像赛龙舟一样，要专注地去拼搏。虽然，我身在一个偏僻的农村初中，但我的心儿却在好多优秀的学校飞舞。因为有个梦想，不管身在何处，都会心生向往。

我希望不管遇到什么，内心都是一个春暖花开的世界。外在会因为我的存在，而越来越好！

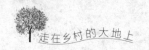

敲定三件事

2019 年 11 月 12 日　星期二

今天，定了三件久已想做的事。

第一件事：定制了宿舍里学生摆放洗漱用品的柜子。

它可以放置牙具、盆、热水瓶等。男女生宿舍都换，总造价一万元左右。以前，是用不用的课桌作为柜子，东西收拾得再整齐，都不好看。需要一个具有收纳功能的柜子。

我们结合其他学校柜子的样子，融入自己的想法，进行了改造设计。选用了质量较好的马六甲板材，偏浅黄色暖色调，比白枫色柔和些。本来想用天蓝色的板材，但是天蓝色的板材是压缩板，质量不太好。所以只好选其他颜色的马六甲板材。然后，再选购一个毛巾架，就能够解决学生挂毛巾的问题了。

对工程或这些物品采购来说，学校一定要熟悉工程和这些物品，要有自己切合实际的设计才行。不能卖方设计什么样就是什么样，那样是不行的。可是，如果不熟悉怎么办？只有一个方法——学习。在网络上学，向懂行的人学。结合这些知识和自己的想法去设计。当学校设计大致成型后，还要请几个人商量一下。多听听别人的意见，这样才能更加完善设计方案，从而产生更好的方案。

第二件事：定制了五个可移动可替换材料的展牌。

原先学校也有几个展牌，但大小不一，而且都有不同程度的损坏。主干道两侧没有展牌，显得没有生机。在观看了好几个学校后，我们发现某所学校的展牌比较实用大气。下面有四个活动的轮子，外框上还加了一个框。造型比较稳重，又不单调。内容可以灵活替换，不需要粘贴，上面有块板压着。我们照着它定制

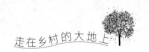

了五个，虽说贵些，但功能很多。

第三件事：将所有社团的活动介绍用牌子展示出来。

本学期社团共开了十个，每周两次，过程很是扎实。可是很多成果都是隐性的，看不见。比如朗诵社团、篮球社团等。这些就需要图片来展示活动。展牌中有指导老师和学生，还有对项目的介绍等。也可以借鉴别校的展牌设计做法，把它设计得更大气些。

在这个学校工作两年来，这三件事是自己早已想做的，却因为资金顾虑，久久未能实施。在 11 月中下旬，将会有一个全县学校观摩活动，每个学校有 40 分钟介绍。我们想体现校园的一些内容和精细化管理过程，必须借助这些展示出来。

而从这三件事就可以思考总结出一些道理来。所选用的板材、造型等，要结合别的学校的成品和别人的意见来选择。不能局限在自己的狭小范围内去想。要不断去揣摩别校的建设，在模仿中创新，为自己所用；自己的胆子要大，要学会不断去申请资金来推动学校的发展；要不断去借鉴创新，不能故步自封。

我以前在本子上写过一句话：我有很多想法，却在资金面前止步。如果止步，没有想法，那么现在努力的意义又在哪里？

是的，如果今天的我，已经看到一年后、两年后、五年后抑或十年后的自己。她和今天一样，没有什么变化。抑或什么都不敢想、不敢做、不能做，那么还有什么意义？自己也不需再努力了。

然而，工作的意义可能在于：通过学习思考，在对比中你将认为的最好的运用在校园里，从而让这所学校变得越来越好！心动之处可能就是那种对憧憬的实现，还有通过这些有形的改变，所感受到的师生积极向上的力量。

今晚值班，冷风习习，一轮比较圆的月亮挂在空中。校园上空的月亮是那么明亮，那么可爱！满心欢喜……

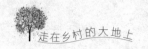

在和平年代深情地活着

2019年11月15日　星期五

　　昨天一个朋友把一个教育专家的微信公众号分享给我。其实，我关注过他的公众号，但是，已经好久没有看他写的文章了。很多时候，我觉得这些激情澎湃的教育大家有时离我们太远了。他们能够指出很多很多教育的问题，展望很美好的教育蓝图，却没有告诉我们该如何去做才能解决发现的这些问题。

　　我给朋友回了信息：

　　他很有个性，却让我无所适从。我需要的是具体的指导，以便更好地工作生活。工作生活更多的不是发现问题，而是勇敢地面对、想办法去解决问题。我们听讲座时一般会激情澎湃，但是听过以后，可能就像没听的一样。要建构自己的理想，为己所用，丰富实践所得才能长久。

　　是的，教育界优秀的人才很多，值得学习的也很多。甚至每一位特级教师都是一本书，值得我们去学习。可是，培训有很多，讲座也会听很多，于自己能留下什么呢？

　　如果自己像一个筐，可能会什么都能装下。但是，究竟想要什么，在追求什么？这两个问题，如果不去刨根问底式地想，所有的学习可能都会比较杂乱盲目。我越来越感受到这两个问题的存在。

　　校长跟副校长是两个完全不同的职位，前者需要太多太多的容量，更重要的是几乎什么都要懂。如果一个新校长在没有很多经验的基础上，才到一所学校，那么文化建设、课程建设等，都是新起步，一切都在模仿摸索当中，还要根据实际情况去借鉴一些别的学校好的做法。

然而，在不断的学习中，他会形成自己的想法。这些想法很宝贵，其实是在慢慢构建自己的教育王国的框架。这个框架很重要，它拥有自己的想法在里面，其他学习都是对这个框架的补充完善。这样，才能对纷杂的外在经验加以梳理、甄别、吸收，这个过程就能让自己迅速成长。也只有这样，自己才可能不会被繁杂的事务所淹没。

我给它起了个好听的名字：教育乌托邦。并在电脑上设了个文件夹，把优秀的管理经验课件，自己的吸收借鉴的文档全部放入。其中最重要的是自己的文档整理，它包含一整年的活动，然后不断地思考完善。这个很重要，全年的系统化的工作全部在自己心里。不断地去论证它，反复斟酌利弊，更优化，从而达到预期的目标。

有了这个一定基础的根本以后，那么其他的学习都是有根之木，有源之水。工作就不会乱，稳步前进。自己也会充满梦想，信心满满。

不光管理如此，其他学科教学也是这样。我在电脑上又建了两个文件夹，一个语文乌托邦，一个综合实践活动乌托邦。把一些好的方法进行思考归纳总结，结合自己的想法进行描述。这很有意思，当你意识到所有的学习都是围绕着一个主题展开时，你的生活应该是很带劲的。

晚上上过三节晚自习后，我把10月去南京培训时一些关于研学的课件发给了一个朋友。他想做一些研学方案，供很多学校用。

我跟他交流了一些零碎的看法：

在苏南，一般旅游公司会制定研学方案，招揽生意。旅游公司把研学当赚钱项目，他们方案大多不细致。而学校因为研学次数少，又有旅游公司服务打包依靠，也并不在意方案。每个学校去的地方不同，方案也不同。如果可以形成校本课程，就可以促

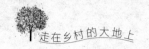

进学校发展。但这些似乎都被忽略了。关于研学，可以写出很多鲜活的论文来，还可以做成课题。只有懂教育的人，并从学生实际出发，才能定出适当方案。

他给我回了信息：

你的思考很有价值。实事求是地讲，很多管理者想得更多的，是尽量不出事、考核不落后，能在前面更好。对教育的意义和真谛几乎很少有人去想。如何去创新，促进学生全面发展应该是课题。你面临的困难很多，首要任务是保持学校平稳、进步。生源如此，出彩很难。如有机会，当你不用为教学质量过多操心的时候，你今天的思考会体现它的价值！

我明显感觉到他言语间的希望和失落。可是，这样一个薄弱初中，两年来，我却感觉到它每天都在进步。一个个闻鸡起舞的日子里，扎实地做着每一件事情。我们这些乡村教师照旧把平凡的教育日子，过得风生水起。我看到了学校、师生的改变，也看到了自己的成长。大家都在努力，都在进步，还有什么比这些更有意义的呢？

又想起上午的专家公众号的事情。生活也好，工作也罢，它们是相通的。理想是美好的，它激发人去努力，可现实中会出现很多很多困难。有人评价画家凡·高的一生：在薄凉的世界深情地活着！现在这个天道酬勤的和平年代，我们更应该深情地活着。

我给朋友又发了一条信息：不管遇到什么样的困难，我都不会成为骆驼祥子最后的模样。我会死磕自己的目标，坚持不放弃。

尤瓦尔·赫拉利《今日简史》有一句话：改变是唯一不变的事。这句话很有道理，让自己摆脱困境只能改变，而想有效改变必须不断学习、思考、归纳、总结。跳出学校看学校，所有的学校都有相同之处和不同之处。当你把它们进行对比、借鉴、融

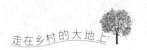

合，一个创造的带有自己想法的教育世界就会出现。

心有多大，舞台就有多大。人生不会重过第二次，有梦就勇敢去追吧！

洪中 70 周年校庆得到的启发

2019 年 11 月 17 日　星期天

昨天上午我参加了泗洪中学的 70 周年校庆活动。我们观看了校园，欣赏了"凝心聚力　继往开来"文艺演出。中午回到家，孩子忽然问我："妈妈，你们学校什么时候校庆？"我有些蒙，不好意思地告诉她："没有具体细算过。"

是的，我没有细算过我所在学校建校多少年，它的过往历史我不太了解。那么我关注的是什么？到这所学校两年以来，重新制定修改各项制度，以活动为抓手，促进师生发展。我关注它现在的事情，而它曾经的事情却无暇去在意。或者说，现在是学校的爬坡阶段，自己没有过多的精力去关注过往。

但是，一所学校都是有它历史的。厚重的历史沉淀，可以促进学校的发展。对一所学校历史的梳理其实很有必要。今天的校庆，我用一个学习者的眼光打量它，对其进行大致的梳理。期待着以后举行相关活动可以借鉴。

一、校庆氛围浓郁

在学校的正门，有学生排好队迎接来宾。校领导等也在大门处迎接，体现了重视。

正对着大门有雕塑，雕塑的两旁有学生的剪纸作品，上面写

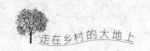

着：我爱洪中，洪中爱我。处处可见成排的展牌和庆贺的横幅。展牌上有学校介绍、社团活动、优秀学子介绍等很多内容。横幅是从楼上直接拉到地面的，很是壮观。很多路灯杆上都有七十校庆的旗子。

二、活动内容丰富

进入大门后，有很多简易的棚子，它们是报到来宾的各种分类。按校友毕业的年份进行分类报到，还有县内外学校、其他单位报到地点。这样很有秩序，不乱。签名报到后，每位来宾领了一个袋子。除了一瓶水、一个挂牌外，里面还有：《江苏省泗洪中学校友录》《岁月如歌》《活动指南》《泗洪中学发展大会议程》《七秩金泓》。

下面重点介绍上面几个。

《江苏省泗洪中学校友录》是四本册子中最厚的。里面包含学校简介、校训解释、校歌，还有1974—2019年各个岗位教职工姓名及各班班主任和学生姓名。这本书很让人震撼，1974年以后的所有老师和学生姓名都在内，资料的系统性保存工作相当好。当你的名字在其中，那种归属感相当强烈。

《岁月如歌》是一本校友回忆录，里面包含泗洪中学1949—2019年大事记，还有校友们写的关于洪中的诗歌散文等。大事记里详细介绍了学校的办学历史和历任校长书记情况，着重介绍了升学情况。诗歌散文字里行间流露着学子对母校的依恋和对那段高中生活的珍惜。

《活动指南》里介绍了14日至16日的活动安排。安排了高品质高中建设论坛系列主题活动。还有文学报告会、法律知识讲座、校友捐赠仪式、参观历史博物馆、文艺演出、高效专家专题讲座、高中生学习生涯规划指导讲座等。

《泗洪中学发展大会议程》里则是对文艺演出的具体安排。包括：观看专题片、奏唱国歌、校长致辞、县领导讲话、嘉宾代表发言、校友代表发言、演出节目单。

《七秩金泓》包含：学校简介、校长致辞、内涵发展概要、鸿传贺勉、领导关怀、弦歌不辍（学校变迁、历任校长书记、创建艰辛等）、鸾翔凤集（领导班子、管理团队、学习交流等）、校园菁菁（校园风景、四季、设备、学科建设等）、桃灼李妍、硕果满枝等。

三、组织有序

这个校庆活动准备近一年，专班人员负责搜集资料。校庆活动组织有序，各个方面都考虑得很细致、井井有条。

从洪中的校庆中，我感受到对一所学校的历史进行梳理很重要。它是一种继承和发扬，提高了师生的归属感和荣誉感。打通了过去、现在和未来，很是振奋人心。

我把直播链接发在了朋友圈，附上文字：洪中，越来越好！晚上，孩子放学回到家，我激动地问她关于校庆的感受。她却很淡定地告诉我："跟我们有什么关系？我们都在上课！"

忽然一下，我意识到了一个问题。当我们这些到访者沉浸在欢庆的氛围中时，在校的没有参与活动的学生却仍旧在上课。他们可能是感受不到这种现场激动的氛围，难免会失落，虽然没有耽误功课。如果，让他们在教室里可以观看一下两个多小时的直播，效果岂不更好？还有比这更好的培养爱校情感的现实教材吗？

洪中校庆，让我意识到要重视一所学校的历史。还要做一个有心人，要有意识地收集整理学校资料，包括荣誉、活动、师生姓名等。这体现了档案资料保存工作的重要性。

一所学校，弄清了从哪里来、何时来，现在在什么位置，以后要到哪儿去。这样就会打通很多看不见的障碍，一股向上的精神就会浩然升起。校庆，领着我们向前去。洪中校庆，让我很是受益，希望也能办这样的校庆，真好！

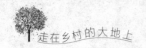

学习，让我们越来越好

2019年11月19日 星期二

今天，我忽然冒出了一个想法，没有特殊情况，每天都要在《大象时空》里更文。因为不写，总觉得少了很多。写的东西乱也好，没有质量也罢，都要给日子留下一些痕迹才好。很多时候发现，每天简单的重复一些必做的事情，仿佛可以给人注入一种坚持的力量。

今晚，我翻看了刚到这所学校时写的一些日记，当时很多棘手的事情似乎历历在目。人是在环境中锻炼出来的，格局也是在一次次挫折、一次次培训学习中撑大的。

今天重点让几位校委会成员讨论绩效工资分配方案。每年暑假过后都会重新修订，因为每年的情况都会不一样。本学期三个年级的班级情况都不相同，那么教师考绩这一块的分配方法就会略有不同。

首先，分管校长和教务主任拿出初步的方案。然后，校委会再次修订。最后，校委会修改通过。上午第四节课，几个人进行了热烈的讨论，发现了方案中的几个问题。下午第三节课，我要求几人再次进行讨论。

下午结束后，我把这份修改后的方案，发给了一位资深的老校长审核，想听听他的建议。很多时候，跳出来，多向别人请教，会打开思路。

如果是以前，我若有困难是不会轻易向别人说的。但是，现在不同，只要能解决困难，我会想很多方法。而寻求别人的帮助可能是其中最直接、最有效的一种方法。它并不丢人，相反，你真诚地诉说了自己的困惑或难处，别人往往会伸出援助之手。

下午第一节课，我把六本《江苏教育》放在办公桌上。翻开目录，一本一本地看目录。这些杂志放在茶几的下层很久了。今天让办公室主任拿去放在别处，自己却又不舍得。上一周，我强烈地意识到了一个问题：自己看的杂志太少！

杂志若看得少，自己对最新的文章观点就会不太了解，接触外在新的教育方面动态也会少。阅读论文的语感就会变弱，自然也写不出较好的论文。其实，论文与散文比较起来，自己更喜欢写散文。写散文是一种呼吸的感觉。所有的思绪，杂乱也好，零碎也罢，当它转化为文字时，仿佛一口气被吐了出来，很是痛快！

可是，散文更多的可能带有自己的主观色彩，自我化。而论文则带有一种实践总结的指导性。它包含论点、论据、论证。它以比较简洁的语言，阐释思考。提出问题，分析问题，解决问题。它具有散文没有的优点，能够更好地指导工作。

可是，我却由着性子，知道它的重要，却并没有真正用心走近它。我没有那种写散文的发自内心的喜欢和一些痴迷。没有那种离不了的感觉。可是，我希望自己对论文写作也能拥有写散文的这些感觉。

我把六本杂志放在桌前，如临大敌，喜欢这种气势磅礴的拥有感。先看目录，从中挑选一些题目写在笔记本上。因为这些题目，自己可以借鉴到自己的论文中。这是一种最直接的学习。然后，每本挑选几篇自己喜爱看的论文阅读。

《江苏教育》分几个不同的主题，有教育研究、中学教学等。我把投稿邮箱抄在了笔记本上，揣摩着每本杂志不同的体例。如果每本杂志都认真阅读，那么六本杂志的内容，我要多久能看完？显然，我没有那么多的时间。我采用了看小标题、跳读、精读三种方法。

论文都是有论点，并且大多有分论点或小标题等。它的形式

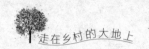

很单一，一篇论文浏览一下小标题，里面的内容大致看一下，就会明白内容。短时间内获取更多的信息，速度是需要刻意去训练的。

以前，一本杂志看完后，自己才开始做笔记。今天发现，一边看一边做笔记效果更好。每篇论文不能抄过多内容，很是费时间，是做不到的。所以记录要精要，更重要的是，自己所抄的一些好的知识，都是对自己想法的一些补充完善，要及时记录在乌托邦文件夹里。

下午上完第三节课，我到食堂看了新搭的舞台。学校又与老板定了一些凳子和小黑板。忙活着，几个人都没有吃晚饭。定好货，我赶紧跑到班里上两节晚自习。上完课，在办公室喝了冲泡的热牛奶，吃了几块饼干。

今天值班，放学后又与几个教干到宿舍查看学生就寝情况。独自走在主干道上，不远处三楼办公室的灯光很是明亮迷人。一步，一步，又一步，移步换景，路两边的景色很是舒心。我看到了这所学校的变化，也感觉到了自己在一点点进步。

唯有不断学习，我们才能越来越好！

谁的生活不忙碌

2019 年 11 月 24 日　星期天

早上 6 点 6 分起床，给孩子做饭。因为今天周日，孩子可以 7 点半到校，而平时需 5 点半起床。照例，稀饭、包子、蒸两个鸡蛋。还特意炒了一盘马铃薯。顺便把每天一本书介绍听完，又听了《周易》一节讲解。

每天早上，在做饭、洗漱、吃饭、跑步、开车等这些零碎的时间里，可以顺便把听书和一些课程当天的内容听完。如果不这样，那还要花近一个小时才能听完。很明显，我是做不到单独听的。听过，能留下什么？认真听的时候，会有些想法。可是，过后的忙碌把它们全忘了。可是，我还是坚信书是不会白听的。

我跟着孩子一起吃了早饭，忙忙碌碌地到了7点20。上午要开车去学校所在的乡政府一趟，因为省里的培训有一个出国的任务，必须盖学校党支部的章，还要把表寄到省教育厅去。我在纠结，要不要到城北运动场去跳跳操。每周，我只有双休两个早上能够去跳跳。可是，周六时她们都休息是不跳的，只有周日我才有这个机会。

我计算着去乡政府要一个半小时，去过早又怕乡里工作人员还没上班。于是，心一横，开车先去了运动场。悄悄插入队伍的一边，带操教练一眼看到我，向我招手，站在第一排的空位处。在她纠正后面人的动作时，我听见她高扬的声音传来："大家看看第一排跳的，多漂亮。要加油，动作要到位！"

很快，浑身冒汗，外套脱了、毛衣脱了。只穿一件薄体恤，露出胳膊。眼睛穿过前方树梢，望向灰蒙蒙的天空，在快节奏的火辣音乐中，挥舞双臂，舒展筋骨。所有的困难都给我让步了，这个世界似乎只剩下了音乐和呼吸。

8点多结束，我赶忙开车。盖好章，我到学校去看了一下。冬天里，满地落叶。开车回来的途中，我很快发现自己很困，眼睛不由自主地合起来。我很害怕自己会睡着，把车内音乐调大，但是没用。我只好把车窗打开，让冷飕飕的风对流，来刺激自己，才将就不太困。

为什么会这样？这几日事情太多，好多事情还没有个结果。比如，食堂设计、奖励制度、校园观摩、指定论文、讲座内容、

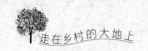

公开课等。这些没有完成的事情如一座座大山，压得我喘不过气来。昨晚好像醒了三四次。

车停稳在小区旁，坐在车里，我在手机顺丰的公众号内发布了寄快递上门取件的信息。然后，定好闹钟，放低车座椅，躺下就沉沉睡去。

快递员的电话催醒了我，寄了快递。回到家，开始做饭。先生去给孩子开期中家长会了。我要他把学生们宣誓的视频拍些发来，场面很是壮观，满心欢喜。这次期中考试，孩子进步了九个名次。

赶紧忙着做饭，草鱼粉条、大蒜炒肉丝、韭菜鸡蛋、紫菜菠菜汤、大米饭。如果不是怕菜吃不完，还真想多做几道。周日中午，是我们这一家三口唯一一次在一起吃午饭的时间。其实已经满足了。好歹，双休在家。晚上还能看见他们，还能给他们做做饭，还能陪他们说说话，还能在一起吃个饭。

上周在一起吃饭时，我当着孩子的面提醒先生："你若是把一些空余的时间，用在钻研教学上，早就特级、正高了。我希望你能那样！"先生对这些学术称号不感兴趣，低着头不说话，好像没听到一样，专心吃饭。

忽然，孩子看爸爸不说话，脱口说了一句英语。我很奇怪："你在说什么？听不懂，翻译一下！"孩子望着她爸，坏笑道："见鬼去吧！"她的话逗得我们哈哈大笑。我打趣她："你真说到你爸心里去了！"

成人和孩子是不同的，成人可能还没有孩子可塑性强。夫妻之间，不要说改变，可能相互影响都很少。只能说，每个成人都在选择自己喜欢的生活方式而已，不可强求。只要心里把这个家放在最重要的位置，对这个家来说就足够了。

下午，2点到5点，我在电脑旁处理了一些事情，然后准备收拾一下，再回学校。周一事情多，今晚要提前处理一些。忽然，先生放学回来。见他没吃饭，我决定做饭，吃完晚饭再走。于是，下了鸡汤青菜面，炒了韭菜鸡蛋，又把中午的鱼热了一下。

我不知道，没有我的存在，这爷俩会过什么样的日子，那真是一切从简呀！曾经听人说，家里应该有个女人，才能安，这就是安字的来历。现在想想，确实有道理。为人妻、为人母，照顾别人就成了义务。

陪着先生吃完饭，我便开车回学校了。245省道上的路灯蜿蜒曲折，很是漂亮婀娜。可是一半的路程后就没灯了。这后半截路，开得很慢，好像过了好久才看见一个路牌。又害怕一不留神错过了去学校的岔路口。忽然发现，开车其实就像过日子一样，要明晰看到自己每段小目标才好，不然会很茫然。

今天的天气特别冷，我叮嘱着值班教干，放学后一定要协助宿舍管理员，把新配的柜子放好。上周，学校给每个宿舍配备了一个柜子，牙具、盆、热水瓶等都可以放入。柜子起到很好的收纳作用，宿舍就会显得简洁。而以前，则是用不用的课桌摆放牙具的。

在一个个平凡的日子里，我们努力让家和自己的工作都好起来。此外，还培养一两个兴趣爱好，空闲时滋润着生活。办公室里敲着这些流出心田的字，表达得比较乱，好似也没有什么主题。谁的生活不忙碌？乱七八糟，留些痕迹才好。就如同生活一样，计划是要的。可是，计划之外总有一些无法控制、出乎意料的事情发生，却又让人难忘。

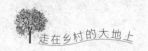

学校静悄悄

2019年11月28日　星期四

　　晚上9点上过两节晚自习后，我回到办公室，坐在椅子上什么都不想干。烧一壶开水，听着开水的滋滋声音。我没有选择去宿舍看看，忙碌让我只想安静一会儿，哪怕就这样坐着发呆。

　　手机里，一位老板把食堂舞台两张背景图案发给我看。我回了微信：第一幅文字太政治化，背景太红；第二幅背景太花。他又问我该如何设计。我拿出一张白纸，在上面画了一张草图发过去。可是，这应该是广告设计师的事情，他们应该多设计些图样给我们看。老板又发了教室后面的粘贴板图画，征求我的意见。我赶忙打断他：你早点睡，明天再说吧！

　　其实拒绝的真实原因是：我不想在晚上10点左右还在处理学校的事情，只想安静地自己做些想做的事情。不想被工作塞得满满的。

　　今早5点36分起床，做饭给孩子吃。上午，我参加了在县举行的市课外阅读优课评选活动。一上午听了两节课，又听了一场讲座。开讲座的王特是我参加省培训时的导师。中午陪她吃饭，我又开车将她送到了长途车站。导师和善、善于思考、勤奋，看见她，我能感受到一种钻研的力量。她在整本书方面的研究比较深入。昨晚八点多，我亲自去车站接她，今天又送她。似乎只有这样，才能表达我对她的尊敬和爱戴。

　　送别导师，我赶忙赶往学校。我用车里音乐和凛冽的寒风不断驱散困意，使劲甩着头。我太困了，害怕自己会打盹。下午，学校承办了集团内的地理学科教研活动。开设了两节地理公开课，还要有一节评课。回到校时，三节课都在活动中。

最后，我要求分管教学的副校长与我一起站在校门口，送外校来上课的老师离开。我们笑容满面地、柔和地对他们说："慢点开车，欢迎下次再来！"他们很是感动。

之前，我也到集团内的一些学校参加活动。发现有的校长即使在学校，活动前后都不露面。我们冷冷清清地离开了学校。我就在想，这样是不行的。热情是待客的基本礼貌，迎来送往是待客的起码程序。

送完客人，我回到办公室，墙上列出的几件事情又向我扑来。练了半张毛笔字，因为暂时不想再处理其他事情。疲惫向我袭来，我来到卧室，关闭手机网，定了半小时，睡觉。可能，睡觉是最好的休息方式。一觉醒来，备课，上了两节晚自习。课堂上，孩子们的笑容是那么明朗可爱。

课堂上，我讲解了古诗中的红绿相配的互相凸显。告诉学生，穿衣要注意搭配颜色，这样才好看。一个男生忽然冒一句："那不是臭美吗？"我反问他："难道你要邋里邋遢，才好看吗？衣冠整洁，不是臭美，是对别人的尊重。没有人愿意从你邋遢的外表下，去发现你有趣的灵魂。"

下课时，这个男生跑到我面前真诚地对我说："老师，你很好看。不过，不化妆就不好看了。"他所指的不化妆是什么时候？一般是早上看他们跑操和小早读课巡视时，这个时候，我连脸都不洗，起床后就往操场跑，哪有时间拾掇自己？我故意打趣他："老师很好看，不化妆也好看。如果不戴眼镜，更好看！你也很好看，什么时候都好看！"说完，我们都开心地大笑起来，学生是多么率真可爱啊！

今天，有好多好多的事情没有做。又接到市教研员电话，要求我策划一下12月初的培育站活动。昨晚，一位好友关心我："你不要太累了！"我只是笑笑，已经不再去想这个问题了。不能用累这个词语来形容现在的工作。累是出不了成绩的，只有想办

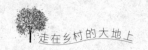

法不断进步才行。

手机里翻看了一位名校长的经历。他从一所农村小学做校长，然后到县城、到市里，最后被聘到别省做校长，打造了一所又一所名校。他获得了很多荣誉，特级、正高等。可是，我并不羡慕他的所获。我最想知道的是：在那么劳累的状态下，他是如何做到学校和自身专业发展两全其美的？

任何收获的背后可能都有不为人知的艰辛。我需要时间，但一天只有二十四个小时。如何在忙碌事情的切换中保持专注度？可能唯有自律，苦行僧般地坚持努力才行。

学校静悄悄，努力会让学校和自己都好起来！

坚　持

2019 年 12 月 1 日　星期天

这两日很是忙碌。周六上午买菜做饭，收拾家务，下午到峰山实验学校参加了县读书协会的交流活动。参观校园，观看了师生四个节目，有课本剧、故事情景剧、学生朗诵、教师快板。期间，我忽然意识到一个问题：在组织学生这些朗诵活动的同时，还应该有些目标去激励学生读书才好。

恰巧，旁边是一位县城学校的主任，便向他询问。他毫无保留地说了自己学校的一些做法。我借鉴了他的一些做法，又加入了自己学校学生阅读的实际情况，动手画了一张表格。小书虫、小书迷、小书王、小硕士、小博士。每次晋级都有一定的要求，达到要求才能得到相应称号。当然还要设计相应的称号奖杯。我甚至在想，奖杯要从网络上定制，若把学生的名字刻上更好。

今天，早起做饭，做家务。中午接到孩子后，带着孩子挑选了几件衣服。孩子长高了，以前的衣服有的偏小不能穿。正买时，先生打来电话，询问能否开始做饭了。他害怕饭做得早，会变凉。买完衣服，我们赶忙赶回家吃午饭，睡午觉，去洗澡。三点半，孩子又骑车去上学了。自从念高中后，孩子一周只有周日中午放四个小时假。这也是我们一家三口，一周唯一一次在一起吃顿午饭的机会。

先生早已上班，孩子也上学。我忽然疲惫不已，躺在沙发上，不想动弹。两天来，自己很忙碌，但是书是没看一眼。从学校带回的一些书、试卷等，都没碰一下，它们都躺在袋子里。厨房里，还放着一盆我切好的荠菜和鸡蛋做好的饺子馅。可是，我却不想去和面。

今晚，学生返校。收拾东西，我准备开车回学校。可是，这条245省道路程，一半有路灯，一半无路灯。我仍旧害怕走这段黑暗的路，把手机微信的"十点人物志"打开，开始听《李嘉诚：我一生的理念》。路上车辆很少，我把车速控制在六十码左右。心里激荡着李嘉诚创业的经验。

里面有一句：你想获得更多，就要更痛。如果接受不了这些痛，那就只能退回去，做一个普通人。这句话似乎很有道理，付出与收获在一定程度上是成正比的。不知过了多久，我忽然发现，前面的路标不对，好像没见过。直觉告诉我，开过了！于是，打开导航，又返回。

这是一条什么样的路？一个人，一辆车，一本书，一片黑。在乡村旷野的无路灯的大路上，我感受到一种身处荒原般的孤独。可能，在人生的道路上总有些事情，要自己一个人单独去面对。家人不能帮我分担，朋友不能帮我分担，谁都帮不了自己，只有靠自己坚持才行。胆怯要变得勇敢，脆弱要变得坚强，不在

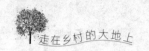

乎要变得在乎，无所求要变得有所求。要自律，要坚持，内心要强大。

远远看见学校耀眼的亮化灯，暖黄色的灯带勾勒出大门和墙头的轮廓，很是壮观。两天不见，我回来了！

调 节

2019 年 12 月 7 日　星期六

一位老校长认为：当校长的不能有自己的兴趣爱好，不然会影响工作。另一位老校长认为：做校长，重点是抓管理，自己并不一定要亲自去教学。

这两位老校长的经验涉及兴趣和教学是否要有的问题。我不知道他们说的是否正确，但是反过来思考一下，一个人如果没有一些兴趣爱好，人生是否会单调？一个校长如果不钻研课堂教学，那么他写论文的素材来自哪里？除非他们早已了如指掌。

曾经认为，这个世界的很多事情都会有一个标准的答案。但是，往往没有唯一答案。两位老校长说得有一定道理，但可能不适合所有人。

记得去年听过一个讲座，内容有些抽象。但最后总结出一句话：教育是复杂的，没有答案。因为情况的不同，所以就不能一概而论。正如世上没有相同的一片树叶一般，每个人的探索都是有价值的。我希望能够拥有自己的兴趣爱好，希望能够站在讲台上，看见学生真诚的眼睛和淳朴的笑容，体会到荡漾在课堂的情感交融。

这几日学校的事情特别多，综合楼后的地坪和车棚进行招标、学校教师餐厅的改造、宿舍新添物品、集团教研互动、绩效的再次讨论等。还策划了市综合实践乡村骨干教师培育站第四次研修活动，因为自己是这个培育站的导师。活动内容涉及很多沟通交流问题，安排要细致周到，安排表也在不断地修改。

周五的早上，上完第一节课，处理了一些事务后，我便开车来到县里，与同事一起参加排球比赛。每年年末，教育系统就会组织老师进行排球比赛，队员包括四男两女。赛前，我只练过一次球。其他几个队员，去小学拉练过两次。因为缺一个女教师打球，所以，队友们要我参加。周五上下午各一场，周六的上午又是一场。

结果是一败到底，这个结果我早已预料到了。一来练得少，二来两位体育老师腿脚受伤。昨天下午赛后，有的老师要求周六上午的比赛不比了。因为已成败局，进不了小组赛。我没同意，理由是：这是个难得的切磋学习机会。我们要的是进步，不是名次。即使输，都要把所有比赛打完。我的双手和胳膊被排球砸得大片青紫。

看到排球，我想到了念师范时的排球赛。又想到了2013年，我在以前工作过的学校参加比赛，女排取得县农村初中第一名的成绩。这次排球赛，我看到了那么多的同事和朋友。我们开心地互相问好，日子仿佛回到了从前。我们仍旧活在彼此的记忆里，一股欣喜和关心弥散在寒冬的空气里，温暖无比。

工作上的所有压力和那么多没有完成的事情，在打排球的注意力转移中，被抛到了一边。运动真好，带给人的是一种释放和解脱。

有时候觉得，人在很多时候都会遇到危机。越是要求高，可能越感受到一种心理危机。电视剧《我的前半生》有一句话："没有任何人会成为你自以为的、今生今世的避风港，只有你自

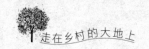

己，才是自己最后的庇护所。"家庭、工作，对于一个人来说很重要。可是，排在第一位的还是自己。没有自己的存在，家庭、工作无从依附。对自己的认识要更加清醒、透明，慢慢发现自己需要什么。诚实面对自己，去尝试想做的事情。

敲着这些文字，看着桌上堆着的一堆资料，却是轻松。一样一样做吧！

参加市培育站第四次研修活动

2019年12月9日　星期一

准备了好几日的市培育站第四次研修活动，今天开始了。

上午，三位曾经参加过省基本功比赛的选手，向学员们汇报了自己的体会，这种反思式的真实总结会让人学到很多。很可惜，我满心想听，却不得不到去教育局参加一个会议。

接着是一节观摩课《漫画的启示》和一个讲座《基于语文学科的综合性学习的策略选择》。它们是综合实践活动在语文学科中的延伸和运用。课件有很多值得学习的地方，要细细去琢磨。中午，培育站的班长带领几个学员绘制了借书表格，对购买的书籍进行了标签登记。

这次培育站购买了40本左右书籍，一个学员借阅一本。下次再交换，并进行读书交流。这些书目绝大部分都是我列的，看着它们满心欢喜。开始狂想：要是把这一大堆关于项目式学习的书籍全看完，是否就会成为这个领域的一位专家了？

下午1点50分我们坐上大车，一起来到洪中参观了民俗馆、考古课程基地、生态馆等。负责人黄老师给我们进行了细致的讲解。一件件古物、一个个场景的再现，不断激发我们去思考。结合当地的资源，选择一个点，然后进行搜集整理。以课程的形式集中出现在学校里，这是一种整合的创造。

黄老师对综合实践活动很有想法，思考也有一定深度。作为一个高中老师，从事综合实践这方面多年，他积累了丰富的素材和经验。我留了黄老师的号码，希望以后能够与他进行合作。我希望向他学习，一起做综合实践活动。

接着，我们又来到县文化艺术中心。这个投资两亿多的场馆，向我们声情并茂地呈现了泗洪的文化历史。每次到这个地方，注意点都不同，每次都有新的发现。泗洪图书馆搬迁到了这个场馆中，其中的城市规划馆也已经开放了。站在楼上往下看，整个泗洪的浓缩图尽收眼底。泗洪，真美！

其实，不管是洪中的三个场馆，还是文化艺术中心，都是当地资源有效利用的汇聚。这也许是一种需要。它需要敏感地捕捉、辛苦地搜集、资金的支持，才能完成汇集。这些资源都可以开发校本课程，有利于学生更好了解相关内容，也是对当地文化等的一种传承。

今天的活动中，我不断处理着来自手机微信里的各种通知，安排着学校的一些事务。即使外出学习，学校事情是不能丢的。需要做哪些事情，还要做哪些事情，注意避免哪些问题的出现等。有时觉得学校管理如同下棋，走一步看一步，还要预测到后面几步。

我希望外出培训学习与学校管理、学科教学相联系起来，让它们有效地融为一体。提升老师的教育教学水平，也为学校的发展打下基础。

我希望自己有一种踏实的扎根感，对课程、管理等都能有所探究。看到正确的方向，也知道到达目标的路径。多看书、多学

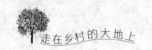

习、多实践、多思考、多写作。慢慢去靠近一个我想要的世界，它是那么让我心动。这一切是那么有意义！

市培育站第四次教研活动第二天

2019年12月10日　星期二

今天是市培育站第四次研修的第二天。因为是自己策划的，所以心心念念地去考虑每一步骤，希望活动能够顺利开展。

早起做饭给孩子吃后，我开车送她去了学校。因为昨晚她的车钥匙丢了，车子落在了学校。回后，我收拾包便开车来到了承办活动的学校旁运动场。即使抽出10分钟时间，也想跟着跳操的队伍动一动。

10分钟能干什么？即使只有10分钟时间，也喜欢做些活动，舒活舒活筋骨。在劲爆的音乐中，在四肢伸展中，整个世界仿佛都伸展开了，那么带劲。虽然一个星期，我只有参加一次跳操的机会，但还是很喜欢。跳操让我整个人儿似乎都挺拔了，整个世界都舒展开朗了。

10分钟后，我赶忙开车去承办活动的学校参加活动。8点20分老师上了一节观摩课《制定班规》。课后，分组进行了交流。每一个组派一位老师代表发言。作为导师，我给学员们布置了一个作业，根据课例写一篇案例研究。光听课、听讲座是不行的，要有自己的思考，并把它们写下来。

接着，我们开始进行读书交流活动。每个组派一名教师用课件展示。坐在那儿听台上的老师介绍读书收获，真是一种幸福。

不过，这几本书都没有涉及项目式学习。而我们培育站研修的主题是关于项目式学习的。围绕一个主题进行阅读很重要，这就体现了培育站开列书单的必要。

一线教师与专家之间有什么区别？可能最大一个区别在于，关于某一个点的集中钻研。充分去了解这个点的前后脉络，再有自己新的发现。可能就是忽略了文献综述的重要性。一线教师可能往往浮在了事情的表面，不去深挖。抑或，我们没有看到自己的力量，认为自己课务重、事情多，那些都是专家做的事情。其实，自己也是可以做到的，专家并不神秘。

中午就餐后，我们参观了学校的科技馆。不禁赞叹这些优质的教育资源。这个学校的孩子真幸福，可以随时参观科技馆。而我们乡村的孩子就没有这么好的条件。在同一片蓝天下，这些教育资源的差距，又拉开了城乡孩子的其他差距。

过后，我们开车来到了淮北中学。陈主任给我们做了热情的讲解。这个学校共有三个课程基地：红色教育基地、思想品德基地、盆景基地。

于是，我们感受到了弥漫在学校的红色气息，一个个解放军名将雕塑，一句句红色名言，一处处红色故事场景等。每年的学生铁流千里活动展板，让我们震撼学生的毅力。三味园的盆景让我们驻足品味，红色广场的宏伟让我们惊叹学校领导的匠心设计。

三个课程基地，都是根植于当地的资源。把学校长期做的一些事情加以整合提炼，就是一个课程基地。只要课程基地申报成功，省里还会有一定的资金扶持。这对学校建设和学生发展都是很有益处的。

我与陈主任交流，希望我校能够参与他们每年三次的徒步活动。徒步活动可以提升学生素质，更关键的是在行走的过程中恒心、耐力都得到了锻炼。也希望他能多指导我们学校进行课程建

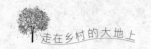

设。这里面有很多工作，不是表面上看到的那么简单。

陈主任一句话让我印象深刻，他说："人做事是需要境界的。境界这个东西，上去了就下不来了。"他说得真好，教育工作者做事也需要境界。

活动结束了，我叮嘱各位学员注意安全。看着各位学员开车离开，我顿时轻松下来。活动总算比较圆满，很是感谢承办学校和参观学校的各位领导的大力支持。做事需要沟通交流，把周围的资源有效利用起来，才可能把事情做成。做事不能孤军奋战，有困难要勇敢地让别人帮忙。当你真诚地需要别人帮助时，你会发现别人很多时候会帮助你的。

可能，这个世界是需要和被需要的关系，不能把自己孤立起来。合理制定安排表，不断进行沟通，让安排表最优化。分工很重要，其中的每个活动环节都落实到每个人，大家就会各司其职。我只需要督促，避免一些意外发生就行了。敲着这些文字，满心欢喜。学习培训是一件多么好的事情啊！

读写成全更好的自己

2019年12月11日　星期三

要重视读书和写作，这个想法来自2017年11月。当时，调入新的学校不久，这所学校是当时全县排名倒数第一的。相当辛苦，忙碌就是主旋律。自己也没有什么校长经验，遇到了很多很多困难。

从2017年暑假7月底调入，到11月，三个多月的时间。忙碌让我看的书越来越少，更不要说还有时间去写些什么。我忽然茫然起来，开始反思：岁月究竟给我留下了什么呢？好似什么都有，又好似什么都没有。

于是，平生第一次开始审视看书和写作这两件事。如果不想被忙碌的工作生活埋没，就要用看书学习打开自己的眼界，用写作把自己的思考表达出来。其实就是一个输入，一个输出。

于是，我开始给每个学期列书单，包含各个方面。把它们打印下来，贴在显眼的墙上。每看完一本就写上阅读的时间和有无记录笔记。我开始硬逼着自己一周看一本书。每看完一本书，就把书里画线的文字抄写在笔记本上，还要写一篇这本书的读后感。

但是，很快我发现自己没有那么多时间去阅读。于是，作为补充，就花钱从手机的有书APP上购买了听书课程。每天都可以听到二十多分钟的一本书讲解，现在听了七百多本。虽然当时听了没有留下什么过多的痕迹，但这些书籍无形中却丰富了自己。

可是，光记录是不行的，因为笔记是比较零散的。你的思考，除了论文外，还可以用随笔的形式记录下来。于是，我想用一种集中的方式来进行表达呈现——写成文章。

于是，我在微信上摸索着创建了个人公众号：大象时空。希望能像看到的别人的文章一样，也把自己的文章保留在上面。公众号每天只允许发一篇文章，低于500字不给发。这其实就给自己提了一个要求：没有特殊情况，要坚持每天写一篇不低于500字的文章。

一开始，只能将就凑够500个字。但有时，也会什么都写不出来。但坚持两年后，现在一个小时，只要有个思路，一般可以做到敲出1000字左右。这些文章都是原创，怎么想就怎么写。还配上自己拍的照片，图文并茂，也很有成就感。现在已经写了470多篇，拥有粉丝近300人。

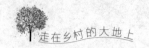

　　写着写着，我发现自己写的主题太杂了。我无法控制自己思考哪些问题，因为每天会遇到很多不同的事情。可是这样像大杂烩一样是不行的。我开始重新审视，最终自己要用什么来呈现自己的思考。

　　于是，在我写了 400 多篇后，开始给后面关于教育工作的文章起了个名字——《走在乡村的大地上》。其实就是一位乡村校长的教育生活，有快乐也有纠结，很真实。只要是写这方面的文章，就归到这一类里去。这样，我写的文章有了第一个主题。

　　这些教育手记与论文不同，论文的指向性很明确，而它里面的内容可以涵盖很多。更重要的是，它可以给我的生活留下一些痕迹，这也是我期盼的。还希望，最终能够出一本书。可能与评选特级、正高等都不搭边，但是，它是对自己的一段时间工作的呈现与总结。它让我觉得自由呼吸，知道自己的存在。

　　现在，我再翻翻以前写的文章，就会惊讶。因为，现在让我再写出一样的文章来几乎是不可能的，好多事情和思绪都已经变得模糊了。如果每天都写一篇，其实是非常不容易的。因为，并不是每天你都会有新的想法，不是每天都会有事情触动你。况且还有很多突发事情，让你没有时间去写，除非熬夜。

　　为了能够更文，我必须要有写的素材。这些文章的素材来源很多是笔记本的功劳。因为自己忽然冒出的一些想法，都会写在便利贴上，然后贴在笔记本上。因为笔记本太重，不便携带，所以带一个便利贴，或更小的本子，接下来粘上就行了。比如，参加一个活动，把自己对活动的一些看法写上去。晚上一整理，就能写出一个总结来。如果，当时不及时记录，我很快就会忘掉。

　　不过，你现实生活中的素材，其实只是写作的一部分。因为，可能一天中你经历了很多，却没有什么思考。那么另外一部分，就应该是自己看的书籍。因为看的书籍可以引发自己思考，可以跳出自己，把很多相关联的东西串起来。

素材很多来自生活和看书的思考。这些要及时记录，抄写就是采用一元化笔记法来做的。什么都写在一个本子里，把时间写上，分类别做些记号就行了。这个本子很有趣。你的抄写和粘贴，是一项劳动，这份劳动很有意义。它会让自己把笔记本视若珍宝。

笔记本和公众号"大象时空"，很多时候变成了我的后花园。它们可以让自己自由畅快地呼吸，写作慢慢变成了一种习惯，让自己依赖，还能找到一种释放的快乐。读和写还带来了一些科研收获。

因为看到杂志上一篇感兴趣的文章，我结合它成功立项了一个市级课题。因为看了一本关于信息整理的书，我把里面好的笔记方法尝试运用在写作教学中，也成功立项了一个市级微型课题。随之而来的，想结题，就要进行研究，必然会写出一些相关论文来。

这样，课题因为读书应运而生，论文就如影随形。读写进行结合，慢慢这个过程中，自己就会提高科研水平。以前那些杂七杂八的书写，就会转变成具有切入点的深挖。可是，那些杂的思考，不是没有价值。因为没有以前横冲直撞的探索，也不会有越来越敏感的捕捉。

这些只是自己的一些切身的经历，是慢慢摸索出的适合自己的学习方法。看书、思考能让自己不沉溺于繁杂的生活工作，而写出来则能让自己更加看清自己，勇敢面对生活工作。

在忙碌的生活中，坚持读书写作。你会发现自己在慢慢变化，慢慢变成更好的模样。读写可以成全一个更好的自己！

（县语文乡村骨干教师培育站讲座初稿）

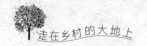

多思考解决方法

2019年12月12日　星期四

　　上午处理完一些事务，我便开车到局里。然后，统一坐车，来到宿迁南师附中参加初专委会议。全市的初中校长都来参加了会议。我们参观了学校的社团活动、体操表演，观看了九个精彩的学生节目。最后聆听了副局长的讲座《提升初中教学质量建议》。

　　他通过数据等提出了自己关于提升初中教学质量建议。

　　1. 优化学生学习。走向深度学习和个性学习。

　　2. 动机为本，让学生想学。

　　深度学习的五个特征：联想与结构、活动与体验（核心）、本质与变式、迁移与应用、价值与评价。以融通学习推进深度学习，着力提升高层次思维能力。核心特征：自学联通、导学点通、合学互通，活血用通。

　　让学生喜欢学科学习。教学做合一。能做实验，搞活动，多阅读。关注差异，让男女生各优其优。留守学生学习（母亲在家比父亲在家成绩好）一个不能落下，提高优秀率、及格率。加强新时期控辍保学工作，私人定制式。

　　3. 优化教学关系和教学方式。

　　改善师生关系，改变教学方式，改革教师培训（非师范类）。

　　4. 优化师生学校认同度和家长有效参与度。

　　5. 优化促进学生学习环节和要素。学习的过程、睡眠、活动、早餐饮食、作业、压力等。

　　张局真是个善于总结思考的人。他从省里反馈的数据中居然找出了教学中的短板以及注意点。这五点要好好去揣摩。

开完会 5 点半，坐车回到泗洪已经 7 点。我来到附近的小饭店，吃了一碗面，又开车回学校。照例走在 245 省道上，一半的路程路灯闪烁，而另一半的路程依旧漆黑。我仍旧很害怕走这后半段路程。它让我觉得很凄凉，没有一丝温暖。甚至开着开着，就不知道自己究竟要去哪里。

今晚特别注意了路标，没有往淮安方向开去。终于，我看到了学校的灯带轮廓，那么耀眼气派。正好赶上最后一节晚自习。我把学生写好的作文发下去，让学生互相批改。我首先说了批改的方法，指导他们如何批改。然后，各自再看自己的作文，看别人的批改，订正错别字。

为什么让学生自评？因为，我发现自己没有充足的时间去批改作文，只能用这种懒方法。但是，这种学生自己动手批改的方法相反却提高了成绩。期中考试，这个班的语文成绩比平行班高出九分。我没有过多时间，就只能借助组长或学生自己来批改作业。学生的积极性很高，我要做的是督促和鼓励。

最后五分钟，我把在县小吃店旁的文具店中特意为他们买的棒棒糖，奖励给了最近一段时间语文课上积极回答的累计次数前十名学生。同时奖励较上次统计多的五名学生。排名第一的学生，在过去的一段时间内，在语文课上回答次数达 33 次。看着他们的笑脸，一天的疲惫一扫而光。

我注意到班级的垃圾桶内没有一块从小店带出的垃圾。这段时间政教处狠抓卫生，在小店买的吃的东西，必须吃完才能回教室，不得带到教室吃。晚自习检查垃圾桶，有一个小店带出的吃的东西的垃圾，扣一分。这一招很准，学生都不敢把小店买的东西带回教室吃。任何事情，有布置就要有落实，检查反馈很重要。

早上吃完早饭，我在男女生宿舍查看了内务整理情况。男生普遍不标准，管理员不断地说，每天都督促了。可是，我发现他

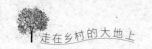

的督促没有多大效果。被子尺寸不一，导致有三折、四折。床单的条纹不齐，枕头摆放不一。这些就说明没有一个统一的标准。没有一个统一标准是宿舍内务的最大问题。

我把想到的管理内务的方法与分管校长进行交流，让他尽快制定出制度。每张床铺编号写上名字，若没整理好，上午跑操前通报，学生跑完操整理。三次被通报，取消所有优秀评选。

只要用心想把事情做好，总有解决的方法。要动脑筋去思考解决的方法，持之以恒地去做。不能说一件事情丢一件事情。抓一件像一件，抓透彻，抓到底。

又想到前段时间写在本子上的《学生读书达级目标》。要抽空写出来，让语文老师、教干讨论下。定下来后，将它制成展示板贴在过道上。只有多阅读，才能稳住学生的心性。一个孩子只要爱阅读，就有希望。

在这个学校，好多事情都必须要动脑子去想。很少有现成的给你用。当其他人不能给你提供好的思路时，自己必须想办法。如果一个校长不去过问，可能其他人也不会去过问。曾经我以为不会出现一些事情，但是却出现了。仔细观察实际情况，而不是自己去想象出应该的样子。

中午坐车时，一个老校长劝我调到离家近的学校。我笑笑没说什么。

我究竟要什么呢？不是离家近的学校，也不是做县城校长的荣光。我现在想要的是把校园管理中的每一个问题都尽量去琢磨透。它对我有着强大的吸引力，它那么让我着迷，更意味着一种创造。不断总结每一个问题解决方法，并期待着现实有一定的改变。那种快乐和成就感，让我看到了自己存在的价值。

简单与快乐

2019年12月16日　星期一

　　中午去食堂就餐，经过乒乓球台。我意外发现乒乓球台下面的支柱上，居然放着两个球拍。很明显，现在是中午吃饭时间，拍子是故意放在上面的。这样吃完饭就可以直接打乒乓球了。而且这是占地盘的有形表示，它告诉别人，这个乒乓球台子有"主人"啦。

　　学生是多么有趣。我还看见有的学生刚吃饭，就把不用的稀饭盆放在靠墙的水龙头底下。我很奇怪，他告诉我，这是在占位置！一吃完饭，就有位置刷碗了。我还看见，桂花树的枝杈上居然挂着一个水杯，很明显是希望它的主人能把它领走。每天都有吃饭的学生从桂花树旁排队走过。但是，它居然安稳地与树相伴好几天。

　　可是，今天发现的拍子颜色却不是红色的。我蹲下身来，仔细观察，原来是块木板片，上面居然没有红色的胶皮。学生是用没有胶皮的两块木片在打球，第一次见到！

　　吃完午饭，走出餐厅。我估摸着还有七八分钟的样子就上课了。可是，我却发现台球处还有几个男生在热火朝天地打乒乓球。旁边还有几个站着的，只有看的份儿。这帮孩子，即使只有饭后几分钟，都会用来打几板子。即使只有课间十分钟，他们也会冲刺般飞奔到球台。这时，上课预备铃声响起，他们撒腿向教室狂奔而去，奔跑的速度和力量发挥到了极限。

　　简单得不能再简单的球拍，在学习时间很紧的情况下，却仍旧带给他们快乐。这种有些忘我的快乐很纯粹。物资匮乏，精神却无比丰富。回想自己念初中，不是连这两块木板片都没有吗？

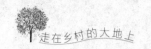

快乐究竟是什么？很多时候，我们不断向外界去索取。但很多时候可能只在乎了拍子的质量，却并不在意打球的真正快乐。其实，我们最初想要的，可能是一种不用分胜负的单纯的运动的快乐罢了。

真的能够做到像学生打球一样，如此纯粹吗？自己是做不到的。很多事情包围着我，也想过专心做好一件事后，再去做第二件事情。但发现，很多事情必须齐头并进。有一样没做，就会带来不好的结果。一个萝卜一个坑，还是要把它立刻做完才行。

今天周一，上午上了两节课，加一节评课。重点研磨作文课《及时记录》，得到了几位语文老师的建议。中午召开了教代会，下午进行了细心的制度比对，接着开例会。在这个学校两年多了，我逐渐认识到学校管理与班级管理大同小异。要去细思量，找到自己的底气。

明天上午去县里一所学校再打磨一下课。我希望能把这节课在四川的凉县民族中学上好。这是省里的培训发起的一项活动，一年半时间，送教三次。这次是作文教学，正好我的市微型课题就是作文方面的，就申请参加第一次作文送教。

双休日，我把奥野宣之的《如何有效整理信息》这本书，从头到尾又读了两遍，敲了六千多字的笔记。我几乎把什么都放下了，去主攻这节课，外加相关的一个讲座。但是，我很快发现，不做其他事情，并不代表事情就会消失。相反，这种回避却让我很心慌。

我没有抽时间再看其他书籍。也没有抽时间再在亲爱的"大象时空"里更文，更没有抽时间去练字。晚上开车到家，浏览了一个曾志强的演讲视频。他介绍曾国藩，即使打仗都坚持看书练字。

忽然，我意识到了自己恐慌的源头。专注一件事，把其他事情弃之不管，有时这是一种逃避。但逃避不了，还是要面对。所

以，今天就在处理搁置的几件事情。

每样事情要有头有尾，不能用拖延解决事情，要勇敢面对。另外，即使再忙，都要带着看书、练字、锻炼。哪怕十分钟都行，这些会增添生活的情趣，原本就应该这样。如果忙碌的工作生活让自己都无法呼吸了，那么所有的努力也就失去了意义。

最终又回到初心。如同学生打乒乓球一样，你是想要好的球拍再去打球，还是想要提高自己的球技，还是想要赢对方，还是想要比赛名次，还是想要一种快乐呢？

有时原因很复杂，但是最终可能还是想要那种纯粹的快乐，很简单！

基本功比赛开始啦

2019年12月17日　星期二

刚到这个学校时，我就有个想法，每年都要举行一次教师基本功比赛，放在上学期举行，时间充裕点。今年举行了第三届，今天是上课比赛，数学组和政史地生组。各组从外校请了两个评委，所有任课老师都参与，评委进行打分，评选出一二三等奖。

在教师办公室，我分明感受到了教师们的忙碌和一丝紧张。看着老师们认真上课的模样，真是高兴。我想要的不是他们通过这个活动有多大的提高。而是，想要他们重视课堂教学，去琢磨教学。哪怕有一点点触动，都是极好的。

除了教学比赛外，我与后勤在一起商量了关于绿化工程的事情。其实，关于工程自己懂的也并不多。所以放手交给了分管领

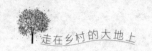

导和主任。但是，这份由代理做的定价明细表，却让我很是吃惊。里面的价格有的虚高，很多校园内移植的植物，都当成了购买的植物。而且还存在反复报价的情况。

当时测量时，三方都在场，为什么会出现这种情况呢？参与的测量人说，只量了面积，其他没问。那么施工方为什么不主动说明移植的情况呢？如果两方都没有说明，那么代理就自以为是地记录了。

作为学校要维护自己的利益，不合理的是不能让步的。这些工程款不能算成糊涂账。几个参与的教干监督沟通不到位被我批评了。

我不禁反思，任何一项工作没有督促和检查，可能都会出现问题。自己做事是不能马虎的，一定要认真。不能放手让别人干，自己就不问事了。这是一种不认真的做事态度，是不负责任的，不可以这样。

很多时候，只要感觉不到位的地方，一定会出问题。这种感觉越来越准。现在，仍旧如此。每当我预想到一些情况，把这些预想的工作布置下去后，往往自己必须亲自再去看一下。因为做的往往跟自己预想的有不同，看后还有补救的机会。如果自己思虑不周，那么不良的情况，肯定会出现。这种第六感，在工作中不断地被印证。

一个学校管理者，首先要熟知各项学校事务。不是每个人都是天生会管理的。如果干了多年，不去思考、总结、学习，那么干时间再久，可能都没有太大的进步。

下午，两个组评完课后，我带着分管业务的校长，亲自把几个评委送到了校门口。我们向摇下车窗的老师打招呼："慢点开，欢迎下次再来！"热情是最起码的礼貌。

接着，我上了晚上三节晚自习，又去宿舍值班，与教干们一起督促住校生就寝。回到办公室里敲些字，记录下一天的工作。

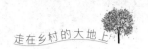

明天要去南京，要参加省里的一个四川帮扶活动。而我的教案、课件还在不断修改中。

中午，一个好久不见的哥哥打电话约晚上聚聚，被我拒绝了。听了我说的要干的那么多事情后，他责怪我："干吗那么拼啊？你太拼了！"

一天有 36 个小时吗？那么多的事情，糊是解决不了问题的，踏踏实实做吧！

印象昭觉

2019 年 12 月 23 日　星期一

昨天上午，我们从四川昭觉县出发，坐了三个多小时汽车。走的，是盘山公路；窗外，是悬崖；远处，是层峦叠翠的迷人山脉。

然后到西昌坐飞机，飞了近三个小时到了南京。赶着坐地铁、坐大巴。经过近六个小时，近十一点，回到家。一路马不停蹄地奔波，让我身体发虚，走起路来有些发飘。

从 22 日从南京出发去四川昭觉，我都经历什么？充分准备了各种必带物品，唯独把电脑充电器落在了南京百草园宾馆里。于是，因为找不到相应的充电器，那么多意想不到的事情和想法，都没有及时留下。

昭觉县里居住着很多彝族人。这个从奴隶社会直接过渡到社会主义社会的民族，在大山里似乎过着与世隔绝的生活。当社会主义社会扑面而来时，中间没有经历的一切，是否又是一种缺失？

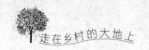
这次活动是教育部凉山帮扶行动，江苏基地"昭觉县乡村骨干教师培育站"第二次集中研修。我想到祖国的山区去看看，去看看那儿的模样。领队陈主任肯定地告诉我："会比你想象的还要苦！"

真的如他所说吗？

来到昭觉民族中学，大气浮雕的大门后，展现了一个具有冲击力的世界。几棵古树苍劲地矗立，前面摆放着铁架做框的木条凳。教学楼前一个足球架，几个篮球架，没有运动场。满眼是教学楼的黄色和水泥地的灰色，没有植物的翠绿和鲜花的缤纷色彩。

但是，在课堂上，孩子们渴望新知的眼睛，写下的一句句暖人心脾的话，撞击着我的心灵。与教师的交流中，学生数量大，任务重，让我体会到他们的不易。

有一个小伙子，带初三两个班语文、高一一个班语文，还兼做班主任。每班都是七八十人，孩子们的基础都较弱，很多孩子家庭教育跟不上。老师们期望通过教育，让学生带着理想，用学习改变自己的命运。同时，他们渴望提高自己的教育教学水平，更好地去教学。

中学旁边是工农兵小学。大山脚下，几栋旧楼，几排简易房。成排简易房的狭小过道里，放置着篮球架，同样也没有运动场。可是，教室里都有多媒体设备。水泥大广场上，一群孩子在快乐地无忧无虑地玩着游戏。几个孩子在踢足球，球不断撞击着教室板房侧面。时光好似回到了20世纪90年代自己念书的中小学。可那个时候没有简易房，是砖瓦房。

走在大街上，迎面而来有披着斗篷的彝族人，还有穿着现代服装的汉人。在不断的服装切换中，古老和现代交替。一些彝族人摆摊做生意，就地升起火炉，围聚一起烤火。手机架起了桥梁，付费可以用微信。

追着远处的山，一路走去。各种单位机构一一呈现，似乎都像小时候看到的。昭觉，是什么让你走得这么慢？最繁华的街道，只不过维持着人们最基本的生活需求。

培训时间紧，我没有跟着他们去偏远的村小去看看。但仅从微信图片就让自己震撼不已了，物资比较匮乏。所有这些，都转化成了教育局曲局长的心声。民族情怀、教育情怀在这位励志的彝族人身上，得到了融合和展现，深深感染着我。

彝族，这个古老的民族。他展现在世人面前太迟了，甚至被世人所遗忘。当大门打开，所有的一切新事物都向它们袭来，他在慢慢摸索，慢慢进步，他渴望能够尽快与这个世界同步。

精准扶贫，是外界最直接的助力。而教育的精准扶贫，也许体现在我们的一点点微薄之力。盐城一中还与昭觉中学结成了友好学校，每年代培 50 名高三学生，力争 10 年为昭觉培养 500 名本科生。

江苏和昭觉，它们有那么多不同之处。可是，那种对教育的重视，对美好未来的渴望，却是相同的。

昭觉，你让我看到了自己的幸福。昭觉，我也看到了你未来的模样。让时间把你慢慢沉淀，稳步长大。因为，同在祖国的怀抱里，我们会拉着你一起向前走。不离不弃！

改卷费风波

2019 年 12 月 25 日　星期三

从周一开始进行了第二次月考。不同的是这次月考的卷子来自本集团总校。上次期中考试是集团内改卷，阅卷费用是 70 元，

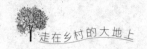

由集团经费出。但是这次集团总校购买了电子阅卷系统，所以网上改卷就在自己学校，不需要集中在一起。数量不多，五所学校人数最多是七年级，有1100多人。

由于集团内的经费有限，集团总校要求监考改卷费用，本学校自己自理。而学校本身的绩效制度里有监考阅卷的费用的规定，不过比集团给的少很多。因为每个老师都会参与，只定了20元。这次电子阅卷，根据需要只有18个人参与。所以教务处就挑选了一些比较年轻的教师。

结合集团内其他学校处理办法，在班子讨论后，最后决定，监考阅卷费用都从绩效里体现了，不额外支付70元。我们测算了一下，每年八次考试，若按70元计算，共要一万多元。对于这所办公经费偏少的学校来说，它是笔不小的开支，也是一个负担。

很多时候，老师们都希望不动绩效工资，学校额外出资。这个想法是可以理解的，因为绩效最后还是要分给大家。学校若能出，绩效就会留得多些，老师们可能就能分得多些。但是，根据实际情况，如果都这样处理，学校是支付不起的。这两者很矛盾。

我越来越能体会到这两者的对弈。即使部分老师再有意见，也是不行的。学校本身办公经费就少，还有那么多需要花钱的地方。特别是还有很多师生活动，必须确保活动的开展，奖品的发放才行。学校的资金要合理利用，要确保维持最起码的生存发展需要。

正所谓，不当家不知柴米贵。所有的开支要在心里权衡，什么该花，什么不该花。有时教师就像学生一样需要去引导。风气，看不见，却能感觉得到。如何营造积极向上、顾全大局的风气？这里面要花很多功夫！

关于综合实践活动
基地与项目化课程的一些思考

2019年12月27日　星期五

综合实践活动基地，从字面上就是在基地里集中开展综合实践活动。作为基地，里面就涉及场馆、活动设置等。这不是学校一己之力就能建成的，它需要很多资金。另外，基地建成后，要具有一定开放性，对其他学校都是共享的。

最近，听了几个关于综合实践活动基地建设的汇报。基地可以集中开展综合实践活动，方便快捷。但是，这些在基地里开展的很多综合实践活动，从学校层面来说，也是可以根据实际情况开展的。

如果当地没有综合实践活动基地，别的地方的基地活动应该可以在学校借鉴运用。我们可以尝试参照做过的课程，结合实际情况，转化成本校的综合实践活动课程。先确定可以做成功一两个课程，然后再逐渐思考其他可行课程。

南京的台创园就是一个与农业相结合的综合实践活动基地。收割麦子、采摘草莓、收获红薯等都被开发成了课程。

淮安把本地资源进行整合，形成了研学旅行资源点。有历史文化系列：淮安府署、状元府、河下古镇、刘鹗故居、梁红玉祠、镇淮楼等。有红色文化系列：车桥战役、华中分局旧址、新安旅行团革命历史陈列馆。有运河文化系列：水上立交、漕运博物馆、里运河文化长廊。

而苏州"e路成长"，则给每一个义务教育阶段学生发放了体验护照（作为收藏凭证）和一卡书（可刷卡、借书、参观等），免费参观。把全市的所有场馆，进行开放，让学生参观。各阶段

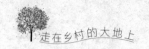

都有一套体验课程，确保项目实效，为十大民生工程。

连云港在基地增设专门的综合实践老师，开展教研活动。通过课题研究，不断开发课程。

从上面四个地区来看，都是在区域中进行课程开发。综合实践活动基地都是在最大限度地利用当地资源，让它们发挥一定的教育实践意义。从而也弥补了学校在综合实践方面可能存在的欠缺。它是对学校教育中全面提升学生素质的极好的补充，丰富了学生的课外生活。

从以上四个地区基地开展的活动，我们可以汲取一定的可用知识。基地涉及的面广，而学校只要充分利用好当地资源，转化为校本实践课程，这些就是项目化课程。而我们所缺的是什么？就是如何转化为项目化课程。这才是要去学习的。

从上可以发现，可以开发关于农业方面、社会参观场馆等方面的课程。每一项都大有文章可做，可以抓住其中一项做深做透。其中南京台创园对课程的介绍很具体。下面对其中一些介绍进行详细记录，以供以后借鉴。

南京台创园是以农业科普教育、农业文化教育、创意农业体验、农耕文化传播为一体的学农基地。致力于传承农耕文化，提升学生综合素质，让孩子在自然的环境中参与农业耕作，分享农耕体验带来的乐趣。学农三馆包括农艺馆、精品花卉馆、现代蔬菜馆；户外学农三园包括百果园、百菜园、百花园；学农三吧包括传统农耕文化吧、现代农业科技吧、野外气象科普吧。创新举措是突出三农特色，精心设计课程。

基地充分利用地处江宁台创园核心区的区位特点，围绕"创意农旅、自然教育"的理念，突出思想性、实践性、教育性，精心设计以"三农"教育为鲜明特色的社会实践课程，让广大青少年学生在实践活动中了解农村、亲近农民、认知农业。

一是丰富教学内容。截至目前，它开设了"米国学校""薯国演义""台湾味道行""花艺师之旅"等七大特色课程体系。例如，在"米国学校"课程系列中，让青少年不必下田耕作也能体会"粒粒皆辛苦"的道理。除了参观制米器具及不同种类稻米外，还可碾制米体验，从稻谷、粗糠、糙米到白米的过程中，亲身体会其中趣味。还能将自己的亲手包装的米带回做纪念。

二是创新教学手段。为增强实践活动的吸引力、感染力，实现启发式、互动式教学。基地运用形式多样的教学手段，提升学生参与实践活动的积极性。邀请台湾及当地的体验师和讲师举办讲座；手把手教授青少年学生草木染、台式磨豆浆、草莓沙拉、五谷作画、叶脉化石等实际操作技能；组织参观考察周边的锦鲤俱乐部、林语花海、瀚灏园艺等现代高效园艺基地。

三是深化教育功能。在坚持"以农为本"特色教育的基础上，不断拓展深化教育功能。以践行社会主义核心价值体系为重点，通过开展丰富多彩的主题教育，培养中小学生的吃苦精神、团队意识和爱国信念，引导他们做一个有道德的人。

学农课程设计原则是创意＋农业、互动＋参与、趣味＋科学。

学农体验课程是结合农业资源和农业生产的过程，赋予农业资源更多的含义设计成的活动项目。围绕"农耕、文化、体验"这个教育主题，紧扣"育人"这个中心，充分发挥农业体验教育的功效。让学生在农业体验中，实现"劳而获，劳而健，劳而乐，劳而美，劳而智"的教育目的。让孩子感悟到是劳动创造了人类，是劳动改变了生活，是劳动促进了人类社会的进步。

学农传统农耕课程包括蔬菜种植及管理课程、农作物种植课程、果树种植及管理课程、食用菌种植课程、中草药种植课程、养殖类课程。

学农现代农耕课程包括无土栽培课程、兰花组培技术课程、微灌系统节水课程、现代温室生产与管理课程、农产品安全生产

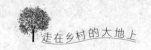

课程、中药方体验课程。

以农业体验为主线，体验课程项目包括农业科普、农耕劳动、创意手工、传统厨艺、农耕拓展、农耕技能、自然科普等全方位的研学项目。

从以上三个课程开发中，我们可以发现课程可以从资源挖掘＋功能开发入手。

举例来说，草莓，传统课程一般是采摘、贩卖。草莓课程可以包括草莓泥塑、草莓拼盘、草莓雕刻、草莓科普、草莓大战等。

感恩的鸡课程可以包括捡鸡蛋、蛋壳画、蛋托画、鸡毛毽子、鸡毛扇、鸡毛笔、鸡饲料调配、鸡蛋鉴别、鸡粪营养土、小小饲养员、小鸡排排队、立鸡蛋、绘彩蛋、小鸡孵化、土豆鸡蛋、鸡蛋料理、蒸蛋比赛。

树叶课程包括植物印染——利用植物叶子、学习传统植物染知识，制作爱心手帕，小小花艺师之旅等。

从上可以发现，只要是跟草莓、鸡、树叶有关系的都可以去开发。可以涉及画画、烹饪、手工等。围绕开发的对象去选取切实可行的项目，进行操作。

我们学校是一所农村学校，这些农村的资源很丰富。要想办法充分把这些资源运用起来，形成项目化课程，转化为具有学校特色的校本课程。想法要转化为行动，要进行课程设计，然后实施。期待去探索适合农村学校实际的项目化学习课程。

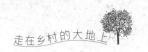

原　点

2020 年 1 月 2 日　星期四

　　上周末下午，在家看一本新买的书，法国多米尼克·洛罗的《简单的艺术》。偶尔看到这本书的介绍，便从网上购买了。买书对自己来说，似乎是所向披靡的。只要喜欢或需要，就毫不犹豫地下单。更像着了魔一般，一口气，想把一本书在一天之内看完。

　　正看着，一个朋友打来电话，邀请我跟他们去重岗走一走、看一看，一个多小时的时间。朋友很是真诚，我看着书剩下不到50 页，就欣然同意了。重岗是朋友的家乡，而我则是第一次来到这个地方。

　　这是个有山的地方，起伏不平，还有红色的土地和红色的石头。在起伏不平的田野里，还有稀疏的一些芦苇。夕阳、芦苇、红土、岩石，在广阔的天空映衬下显得粗犷沧桑。

　　它带给我一种陌生的新鲜，可是，却不是我的家乡。

　　忽然想起，念师范的五年时光。五年那么长的时间，都没有找到家乡的感觉，只是过客。但是，只要回到家乡，哪怕穿着拖鞋溜达在大街上，也会觉得舒服心安。

　　昨晚，一个师范同学请我一起小聚。二十多年的朋友了，不好推辞。可是，席间却没有看到其他师范同学，我有些失落。现在的同行或朋友确实很重要，但是二十多年前的师范同学可能才能看到曾经的自己。除非，过去的那段历史连自己都不想去回忆。

　　原点，每个人可能都有一个原点。

　　朋友在自己的家乡兴奋不已，不断回忆小时候的事情，那么

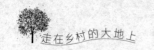

　　轻松快乐。师范同学在现在的日子里，找到了自己支撑下去的原点，过去的似乎已经不再那么重要。而我的原点呢？

　　元旦中午，我带着孩子回到家乡看望父母。父亲闲着没事，去干些杂活，只有母亲在家等候着我们。我给她买了条围巾，又带了些水果。吃饭时，她像个孩子一样，不断向我述说着最近发生的一些事情。我只需听着，她就很满足了，时而我宽慰她几句。

　　饭后，照例，母亲送我们到楼下；照例，她把我送她的水果，又分了一点给我们带走；照例，她急忙到菜园拔了很多菜，放在我车里。当车子驶出小区后，在田野旁的路边，我把车停下。孩子问我去哪里，我告诉她："我要到东面的田野里去走一走，看一看。那里有你老太太的墓，我想去看看她！"孩子好像没有听懂我的话，坐在车里听音乐，没有下来。

　　我迫切地向东面的田野奔去，如同一个久别的浪子，心里呼喊着：我回来啦！

　　这片我望不到头的田野，很是普通，可是却有那么多的记忆。这里都是村里人的地，站在地里，仿佛又看见他们在田间耕种收割。我想起了父母带我们去地里干活，我找到了自己家的地。这片土地，承载了我们那么多对美好生活的期望。

　　冬日的寒风吹来，是那么舒畅。仿佛把自己吹成了透明人，不复存在。或者幻化成了风儿，恣意飞舞。空旷的田野，幻化出那么多过去岁月的影像。还有我亲爱的人长眠于此，那么悄无声息，却让我想念。

　　我一眼就找到了奶奶的坟头，那里花儿最多最鲜艳，她喜欢花。那是一个多么富有活力、多么热爱生活的老太太呀！她是那么那么疼我宠我。

　　似乎外面所有的一切，在这儿都变得云淡风轻了。能看见自己的过去，看见自己现在拥有的，还能看见对于未来的期望。那

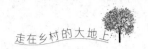

么冷静、那么踏实。

这也许就是原点，让你扎根，又让你向上生长，浑身充满了力量。有这么多的关心和爱在支持着自己，无所畏惧！

变化的梦想

2020 年 1 月 3 日　星期五

今天上午两节课后，学校举行了教师即兴演讲比赛。这项比赛是每年第一个学期的基本功比赛中的一项。教科室主任打电话催我去参赛。到大会议室，我看到了三个评委，连我在内一共三个选手。主任无奈地告诉我："已经把通知在工作群里又发了一遍，也没有多少人来参赛。"

听后，我转身来到了教师的三个办公室。一番热情地吆喝后，十几位老师来到了大会议室，很是热闹。写有演讲题目的纸条放在桌上，参赛教师自己挑一个喜欢的题目。我随手拿了一张，上面的题目是：Dream big, fly high（大胆梦想，尽情飞翔）。

我坐在下面，看着他们站在前面主席台围绕题目演讲。揣度着即兴演讲比赛会带给他们哪些提高。有课的老师讲完后，及时回班上课了，只留下两三个老师还坚持坐在下面看。我是最后一个上台演讲的。

很多时候，能力是练出来的，而很多能力却又是相通的。即兴演讲重要吗？短短几分钟却能让人正视自己的思考，可能没有什么比正视自己的思考更重要的。较短时间内提高语言组织能

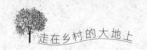
力，锻炼心理素质。不敢上台讲，怕讲不好，这些都是正常现象。站上去，需要一种面对面的勇气。

工作生活都需要勇气，勇气不是天生就有的，是练出来的。即兴演讲就是一个很好的锻炼机会。可能会带来紧张和慌乱，甚至尴尬。但是，这一切过后，却是对自己再一次真切的认识。可能脸皮就会在一次次锻炼中变"厚"，再慌乱都会克制地不让别人看出来。最后，就有了别人看上去的镇定自若。

下面是比赛后我梳理的演讲稿，感谢评委和作为听众的老师们的掌声。具体内容如下。

看着今天的演讲题目，脑中瞬间一片空白，不知道该说些什么。这个题目中有一个关键词"梦想"。梦想是一个足以让人激动的词语，作家莎士比亚说："我们是用梦想织成的。"自己也是用梦想织成的。不过，它可能是一个由多个到单一、模糊到清晰的变化过程。

念初中时，我的梦想是长大了成为一名厂长，带领乡亲们赚很多钱，过好日子。那个时候，好几天才能吃上一顿猪肉，生活并不富裕。

初三中考填志愿，我豪迈地填了高中，幻想着将来将成为一个有文化、有经商头脑的厂长。可是，父亲知道后，却直接给我出了道选择题："从古到今，医生和老师都是铁饭碗，出来就拿钱了。你挑哪一个？你不能念高中，下面还有两个弟弟。"最后，我选了师范。于是，父亲到学校坚定地把我的志愿改成了师范。

就这样，我那个充满济世情怀的当厂长的梦想，在初三毕业时就破灭了。

念了三年师范后，我自作主张地考了两年制大专。为什么念大专呢？因为我发现前面大专毕业的师范生都分配在了县城学校。如果能在县城教书，那是一件多么荣耀的事情啊！我的梦想变成了要当一名县城老师。即使念大专被母亲骂为"太自私"也不后悔。

可是，没想到大专毕业时，政策发生了变化。我被分配到了镇里的村小，第一年的工资每个月只有三百元。下雨天，大路可以骑车。遇到泥泞的乡间小路，却只能扛着自行车走才能来到村小上课。这样，晴天时我骑车，雨天时车骑我。

母亲心疼我辛苦，经常用语言激发我反省："你看看你多念两年书，花了那么多钱。又少拿两年钱，还分配到乡下去。如果两年前下来，就能分到镇上小学。离家又近，还能多拿两年钱。还能像她们一样，现在都找到了一个有工作的对象。多好啊！你学这两年究竟有什么用？"

在母亲面前，我成了一个失败者。与两年前毕业的师范同学相比，我分配的单位不好，工资又低，还没有对象。

我不甘心这样。利用双休日，我独自走访了泗洪和沭阳的一些私立学校。外面的学校都比这所村小好。可是，在外面转悠了两天后，我乖乖又回到了父母身边。因为，我是老大。如果两个弟弟念大学后，不再回这个地方了，那么谁来照顾父母呢？

我把师范时所有的"荣誉"全部找出来，望着这些曾经奋斗得来的获奖证书，我第一次冷静地意识到，过去的这些在现实面前已经没用了。我狠心地把它们全部投入了柴火旺旺的土灶膛里，全烧了。与过去告别，一切重新开始！

两年后，村小撤并。我任教的村小不存在了，可能我会被分配到更远的村小教书。恰巧中学缺教师，我便主动要求到镇上中学教书。在教师不算多的中学，我有很多机会接触教科研，还跟着别人踌躇满志地参加了两次公务员考试。繁忙的工作生活，让我无法拥有比较充足的时间去备战，结果以失败告终。于是，屡战屡败后，我断了改行当公务员的念头，定下心来教好自己的书。把课上好，让学生喜欢我，考出好成绩。

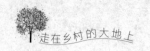

　　在一次次做教干与不做教干的矛盾纠结中，我的职位从班主任到教科室主任，又竞聘到校长助理。在与曾经师范同学的"优秀"悬殊对比下，我仿佛受了强烈刺激般下狠心努力。在基本功比赛中，我从县到市，再到省里一路都拿了一等奖。慢慢地，钻研教育教学带来的那种成就感、快乐感，让我着迷。

　　在教育教学管理中，一些方法得到了总结，我就开始会思考更好的方法。常常望着辽阔的天空会疑惑：在同一片蓝天下，为什么有的学校那么优秀？他们与现在的学校又有哪些不同？我想去看看。

　　在我的母校工作了十三年后，我报名参加了去外地的交流学习。看到了不一样的制度、不一样的师生、不一样的家庭、不一样的社会教育环境，那么多的不一样。一年后，我被调回县里另一所农村学校。我与老师们一起，制定了切合实际的各项制度，开展丰富多彩的师生活动。它在稳步向前发展，发生着可喜的变化。

　　在这所学校的大门旁，有一行标语：办人民满意学校。老师们为了学生的发展在努力，其实就是为老百姓服务，办他们满意的学校。大学校也好，小学校也罢。优秀也好，薄弱也罢。学校只是一个个载体，学生来一届也会走一届。很多教育教学管理都是相通的，没有放之四海而皆准的制度方法。因地制宜，实事求是，适合的才是最好的。

　　最近看了江苏天一中学原校长沈茂德写的一本书《我的教育乌托邦》，他描述了自己23年校长历程中所追求的教育理想。我忽然发现，我们也要通过学习不断总结反思，也要大胆地去构筑自己的教育乌托邦，要看到一个更加美好的教育王国。

　　梦想是什么？从厂长到县城老师，从教好自己的学科到教育乌托邦。它可能是一个变化的，从多个逐渐到单一的过程。因为梦想的存在，可以看到现在的，又能多看几步别人看不到的，更笃信最终那个和谐的教育乌托邦。最终，才可能获得真正意义上的踏实心安。

正如同今天的即兴演讲，它所带来的触动，足以让我去思考很多很多。我要的就是这种思考，它也许会给参赛老师的教育理想添砖加瓦。大胆梦想，才能尽情飞翔！

书籍，另一种空气

2020年1月8日　星期三

早上值班，下点小雨，不用跑操。五点半的闹铃声，五点三十六起床。六点小早读课，我们值班教干开始查看每个班级的背书情况。我负责初二，在学生背书的时候，我开始看自己带的书《课堂观察2：走向专业的听评课》。遇到精彩的语句，就用红笔把它们划下来。

吃早餐时，我们在餐桌过道中穿梭，提醒学生安静就餐。学生们很安静，自己正好可以看几页书。这些零散的时间充分利用起来还是很可观的。大部分学生吃完饭离开餐厅，别的值班教干吃完饭，换我去吃饭。我把书放在了餐桌上，一边吃，一边看。

最后，食堂只剩下我一个人在吃饭。可是，两位值班教干站在我旁边不走，不住地对我说："能静下心来看书，真好啊！比看手机上的书好，现在看书少了！"

书籍，对于自己来说已经超脱了平常的意义了。双休日，自己想象的理想状态，就是坐在窗户旁的床边，阳光洒在自己的身上。拿着笔，一边看，一边划，一边在书上写些自己的想法。没

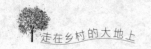

有人打扰我，也不需要做任何其他事情。只是看书，最好能够拥有尽快看完的完整感。

这种状态很少，但少有的几次，足以给自己带来满足感。今天在微信上看到一句话：没有出路的时候，就学东西，总有一天能用上。这句话说得真好！当你遇到很多问题，又想去解决问题时，除了学习，可能没有第二条路可以走。看书，可能是最有效的途径。

看书，不是为了别人，而是为了自己。它对自己是另一种空气，离不了。让自己在繁重的生活工作中，可以坦然面对。书籍为自己打开了通向外界的大门，看到更精彩的世界。它可以让自己丰富充实。即使在偏僻的地方，心儿也可以不受拘束，如世界一般大。教育的世界，远非我现在看到的样子，它会更好。

听完下午第一节课后，我来到初二办公室，跟几个老师聊聊天。听听他们最近的一些想法。忽然发现，窗台上厚厚的数学试卷。这是一学期来的数学试卷，每一次都收上来码好。周一的时候教务处进行了六认真检查。老师们很是认真负责，一学期居然做了这么多试卷。可是，反过来去思考，会发现很多问题。

每一次的试卷都收集好，为什么学生不能把自己所有的试卷粘贴起来呢？不是全班放一起，而是自己有自己的试卷集。这么多试卷工整地放在那儿，为什么不返还给学生？毕竟上面有很多错题，还可以作为期末复习的辅助资料。为什么做了这么多的试卷，学生的成绩还是没有提高呢？老师教得好与学生学得好有时是不相匹配。

这里涉及很多微观的可以深挖的东西。教育，没有我们想象得那么简单。在我们对某一个问题有时做出武断结论或习以为常地在做一些事情的后面，可能会有很多值得我们探讨的问题。而这些，可能没有专家可以直接告诉我们答案。它需要我们自己去有针对性地探索，而这种探索，就是学习，看书是学习最主要的

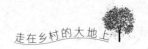

一种方式。

这些，可能就是看书的意义。仿佛一个人落入沼泽地，书籍是那双救自己的手。所有的自以为，或者不了解，归根结底可能都是相关书看得太少。

想去探寻问题背后的答案，想去打开外在广阔的世界，想让自己的内心变得丰富充实，就去看书吧。它可以让你看到一个更好的自己，拥有一双会观察的眼睛，一个会思考的大脑，更拥有相信未来的坚定的意志。只要不断去了解、去学，教育的世界会越来越好！

冬日的一个星期天

2020 年 1 月 12 日　星期天

早上，开车送完孩子后，我来到了城北运动场。沿着让人心潮澎湃的红色跑道，一边跑，一边戴着耳机听书。书听完，发现东面足球场内，十几个人在跳鬼步舞。音乐声很火爆，具有很强的律动感。我站在他们的后面，照葫芦画瓢地比画着。他们跳得真好。不一会儿，冰冷的手就热了，羽绒服、围巾都脱在了一边。我有意训练自己专心做一件事。听书的时候只想着书中的内容，跳舞的时候，只认真观察领舞的动作。

骑着电动车返回家里，在一个十字路口停下等绿灯。

忽然，对面一位妇女骑车停在我前面不走。我以为是问路的。结果她要求我去看看房子，哪怕只看不买，也给十个鸡蛋。她的话把我逗乐了。我劝她把楼盘传单拿到小区后面的超市去

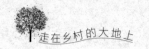

发，那儿买菜的老人多。有鸡蛋领，他们肯定愿意。结果她不高兴地说，他们没用，又不能决定买不买。

第一次在十字路口遇到这样的事情。可是，不能因为去满足她，而去改变自己原先想做的事情。她高兴与不高兴，也就无所谓了。其实生活中，有很多这样类似的事情。善意的拒绝，会让自己很轻松。活动、游玩、饭局等，朋友都是好意，可是自己也有不同的情况。

昨天，一个做宣传栏的老板告诉我，周日到校装宣传栏。被我客气地拒绝了，改在了周一。工作时可以很拼命，但是休息的时间是属于家人的。买菜、做饭、陪伴家人与工作的地位应该是同等重要的。生活当中的乐趣来自很多方面，工作是其中一项。

回到家，拿了个垫子，放在孩子卧室的床边。我坐在地板的垫子上，把手机的网关闭，定一个小时闹钟。开始看余秋雨的《行者无疆》，这是他去欧洲的游记。每个作家都有自己不同的特色。作家梁衡追求散文四美，包括描写美、境界美、哲理美、语言美。但是，余秋雨的散文却很少看到这四种美的融合。

余秋雨的散文，仿佛是他把行走中看到的描述给你听。他说得很自然，像唠嗑一样。没有什么过多的修辞，更不会过多地去挖掘境界和哲理美。但是，你却能真切地感受到他内心的坦荡和真诚，不用绕弯子。他的文字，都是从他的角度去分析。你能看到他的思考，所有都来自他的发现。

他似乎并不考虑立意，更不会有"语不惊人死不休"的刻意。他描述了根植于他本人基础的、看到的世界。他以学者的角度去打量看到的世界，他思考的问题会引发你的思考。会让你不去考虑文字的表面形式，而去思考里面的思想。你会跟着他去打量看到的，他想到的可能很多是你所忽略的。

余秋雨的文风很真实。不去考虑观众的口味，不去考虑修辞等语言形式。思考已经凌驾于文字的表面形式之上。如果你读过

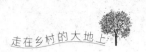

梁衡的《壶口瀑布》，就会感受到他气势磅礴的语言和修辞手法的精心运用。而这些，在余秋雨的散文里几乎是看不见的。

余秋雨的散文，可能更像一杯茶，淡淡的，却回味无穷。不容小觑思考的力量，可能只有自己的思考才是一个写者最宝贵的。没有自己的思考，仿佛一个人就没有灵魂一般。

读完 50 页，我开始在笔记本上摘抄法国作家多米尼克·洛罗的《简单的艺术》。看《行者无疆》时，让我觉得精练的句子画得很少。而《简单的艺术》却让我一直抄写到了 11 点多。有几个大段落，我直接复印粘贴在了笔记本上。

《简单的艺术》提倡极简主义，遵循"少就是多"的原则。物质生活不需要太多，要学会控制自己的欲望。只保留你喜欢的东西，其他的东西都毫无意义，很多东西都不值得留着。越简单的东西越强大。

特别喜欢下面两段：

不要为了别人改变自己的计划。不要在乎别人对你怎么想、怎么说。你将变得更加无拘无束。当你为了别人而损害自己的梦想和价值时，你就失去了一点点自我和一点点力量。越是连累到真实的自己，就越是没有底气。不要做别人希望你做的那种人，而要做你自己想做的人。明确而坚定地知道在自己的生活中，想要什么和不想要什么。保持独立性。

像牡蛎缩在壳中一样，锁在家里、一成不变烦闷的生活怎能让人自由？出门旅行是为了快乐，不要带回家不值钱的纪念品和妄自尊大的品头论足。只需带上一支笔和一个笔记本……

然而，有时候一条道路之所以吸引我们，是因为我们不知道它通往哪里。向着一个未知的目的地进发，没有任何限制和义务，带着很少的行李，仿佛整个天地都是自己的，这多么让人快乐！只要在那里就如愿了，不需要任何人或物，醉心于美景和新鲜面孔……这些新的环境将在你心里留下抹不去的印痕。

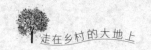

中午，孩子参加完考试回来，只有四个多小时的假。我陪她去超市购买一些喜欢吃的东西，看着她像小鸟一样高兴地叽叽喳喳。

在这个寒意萧萧的冬日，做家务，锻炼，看书，陪伴家人。不同的时间段只做一件事，锻炼自己专注地去做，没有丝毫杂念。一种力量会慢慢汇聚，似乎超脱了所有的羁绊，那么自由，那么充实！

要学会沟通交流

2020 年 1 月 14 日　星期二

今天上午，我都在县里忙着申请资金的事情。临近学期结束，各项工程等都要结账，资金很紧张。这个学期做了很多事情，学校有了很大的改观。

我们重新整改了地坪，主干道开拓了，其他地坪全部改成了压模地坪。对大部分绿化进行了整改。在食堂新搭建了一个小舞台，供开展一些大型的活动。新装了三个文化宣传栏，更多展示师生活动。宿舍添置了收纳柜、毛巾架、学生三件套等。还新建了教师机动车停车场。

大笔的资金投下去，学校有了很大变化。资金在预算基础上多出很多。

第一年来这个学校时，我几乎不到局里去申请资金。学校经费少，给多少就用多少吧。况且，自己还认为，有困难，即使不跟领导汇报，他们也应该了解自己的难处。但是，事实证明，我的想法失之偏颇。你不说，别人可能就不知道难处。你不说，别人可能也不知道你做了哪些事情。

下午，我特意把校园建设的一些图片发给了几位主要领导。他们纷纷给我点赞，了解了这个学期办的几件事情。很多时候，工作要学会去沟通交流。不能总是理解成自己认为的模样，很多误解好像都是来自自己的想当然。

从申请资金这件事，我得到了一些启示。

第一，一个管理者要多到教育局向领导汇报工作。

在交流中，学校的工作可以得到领导的一些指导和支持。他们的远见可以让学校少走一些弯路。另外在交流的过程中，你会得到一些新的信息，将有利于学校的发展。

第二，多向老校长请教，了解更多申请资金的渠道。

老校长们经验丰富，门路多，而这些是我们这些新手所不知道的。如果你不请教，也不会有人主动告诉你。不是已经会做校长了才做校长，而是在做的过程中学做校长。而有些学习，只能通过沟通交流得到，没有书籍告诉你怎么切合不同的实际去做。有经验的人，就像是一本无字之书，可以让自己汲取到很多知识。

第三，要了解教育局各个部门的功能。

局里有很多部门，它们各自作用不同。每一个部门都与学校工作有关，都不能忽视。了解每个部门的职责后，揣摩相应工作的开展。然后，有针对性地与相关负责人进行沟通，才能更好地工作。

忽然觉得，管理工作就好比教一篇散文。你不光要解决生字词，疏通文义。还要了解作者、写作背景以及这篇文章在整个单元、整本书中的作用等。当然还要了解学情等课文以外的客观因素。只有把这些都吃透了，才能更好地提炼出作者的写作主旨。教师才能更好地驾驭课堂，甚至游刃有余。管理工作涉及的东西

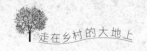
太多了。

世界是相通的。没有专门的课堂告诉你如何更好做校长，要靠自己不断去学、去悟。认识事物的方法，可能就是去不断了解它。不能把自己困在一个圈了里，外面的世界竟然都是自以为的世界。

跳出来，大胆地去沟通交流。可能你会发现：呀，有时世界原来并不是我想象的那样。沟通交流居然可以打破困难的壁垒。你的真诚善良、为工作着想，同样也能换来真诚善良的支持。

今天很开心，得到了局里的大力支持。晚上值班，从宿舍回到办公室，干冷无比。可是，心里很是温暖。自己不是一只困兽，更不是一叶孤舟。要善于去沟通交流，在我的背后有强大的后盾。我们都有一个共同的梦想，把泗洪大地的教育办好。加油吧！

参加培育站活动

2020 年 1 月 19 日　星期天

今天在市里参加了市第四届乡村骨干教师综合实践学科第六次研修活动。听了两位专家讲座：一个关于教师职业规划发展，一个关于专业表达。

在新年前，还能听两个高水平讲座很是高兴。而这两个讲座可以让我不断地反省自己、梳理自己。虽然，自己的内心非常非常渴望去钻研某一个点，去研究透，可是，自己在论文方面，却没有一定持久性。想了好几个题目，却没有一篇去精雕细琢，都搁浅在电脑文件夹里。

一天 24 小时，占据自己大部分时间的是学校的事务。这两周，我逼着自己每天至少要看 50 页的书。看了三本半，及时做笔记，写读后感。可是我明显感觉到自己的亏空。空在哪里？我只有有针对性地去看书，却没有有针对性地去写文章。

公众号"大象时空"只不过相当于教育日志，不是有主题的教育论文。抑或，它相当于散文叙事，内容散。它可以存在，因为它是自己的教育生活的痕迹，对自己具有一定的价值。可是，缺少一种单一主题的深入挖掘研究。

而自己还有两个市级课题，正在研究。若没有论文发表作为支撑，结题是相当困难的。而这些需要自己用心去写、去不断修改、投稿、发表。但是，这些我没有做，只是心里去想着。想了却不诉诸行动。

似乎，我没有过多的时间来进行自我专业提升，忙于应付工作中出现的一个个问题。学校管理就像一本我没有看明白的书籍。而学科教学也是一本看不透的书，需要深度揣摩。我仿佛面对了两座大山。而除了这两大块，生活却还有那么多的乐趣。那些乐趣也是自己不想缺少的。

所有的这些，孰轻孰重？可能都很重要。低头走路，也想抬头看天。中午吃过饭，我邀请两位专家来学校看看。他们给我提出了很多建议。所有楼房的颜色全部换掉，太土气了。要根据实际的周边资源进行课程开发等。我很是感谢他们，抓住课程建设，打造学校的亮点很重要。

他们问我要在这个学校待几年，我不知道该如何回答。想了想，我回答他们：也许可以从一个学校跳到另外一个学校。但是，自己究竟要追求什么呢？学校只不过是一个个载体，最终可能在追求一种心安踏实。现在对我来说，换个学校不重要，提高课程开发能力才重要。

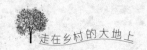

送走两位专家，我跟几位教干在学校斟酌绩效的相关一些事宜。明天就要公示绩效了，这对老师们来说是一件大事。晚上到家已经 9 点多。

今天，一位专家说，他制定目标，找准目标三年取得了特级教师。我很是佩服他，这需要多么强的自制力啊！人，要相信自己能行，可能才会发现更好的自己。从量变到质变，要一点点积累。看到这些专家，我看到了自己努力的方向、目标和途径。唯有不断有方向的刻苦努力，才能在某一方面有所获。

《左传》里说：言而无文，行而不远。我把一天的思绪记录下来，希望自己走得更远些！希望自己内心踏实，无所畏惧。

关于艺术的思考

2020 年 1 月 21 日　腊月二十七

前几天看完了余秋雨的《行者无疆》，自己有了一些思考。这本书并不太厚，是作者行走欧洲时写的随笔，相当于日记之类。我看的侧重点，想知道他是如何描述自己所看所想的。同时翻看的还有毕淑敏的《蓝色海洋》，这本书是作者航海时的所见所闻。

两本书都是描写自己的旅行，但是相比，余秋雨的文章更加轻松。轻松在哪儿，每篇文字不算多，很少有大段的描写，甚至还可以不去注意修辞手法的运用。他总是从文化角度去考量所见，因为他本质上是一个学者。《行者无疆》的独特之处是文化思考。如果没有一定文化积淀，一个人可能是不会去有意识地进

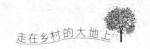

行文化探寻和对比的。

从中可以发现，思考在某种程度上比语言的运用更重要。思考相当于一本书的魂，有它才能让一本书焕发生机。如果说生活是一本书，那么思考也应该是它的魂。如果没有思考，生活也许就是周而复始的相同步骤。

昨天就祈祷今天不要下雨，因为今天上午，我校有个"迎新年走进百姓"文艺演出。找一个逢集的上午，在乡里最繁华的地段找一块空地，租一辆舞台车，然后是近十个节目的师生表演。

今天是腊月二十七，乡里逢集。于是，一切都按照我们既定的方案进行。按照分工安排表，每个教干各司其职。点鞭炮、放烟花，学生表演、写春联、送春联，整队回校。孩子们期末考试后，仅仅用了两天的时间进行排练。站在后面观看的一位阿姨说："跳得真好！"

这个活动架起了学校与社会互相了解的桥梁，搭建了学生展示的舞台。它让老百姓了解了学校的素质教育，让家长看到了孩子的进步。这次活动激发了学生的信心、荣誉感，也拉近了家庭、学校与社会之间距离。

活动取得了预期的效果。乡防保所也充分利用了我们的演出阵地。防保所的工作人员把横幅拉在了旁边的树之间，在老百姓之间穿梭，发送传单。他们不时停下来看我们的表演。我忽然意识到，我们应该做两条横幅先拉在两侧的树上。因为这样可以让别人一目了然地看到我们活动的名称，而且还能营造一个良好的表演场的氛围。期待第四届可以弥补这个小遗憾。

电视台在乡里采访写对联的活动，顺便也给我们拍了。不过，拍摄人员来时，我们已经结束了。只好让一个节目再演一遍，让他们拍。

下午赶回县里，参加了2点的校长会，3点又观看了局系统的新年晚会。很多歌舞节目都很好看，背景和舞蹈很是相配。特

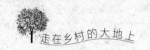

别是还有几首原创歌曲，融入了泗洪的乡土特色。

艺术可以熏陶人，不唱不跳不是学校。艺术是一种美，这种美可以浸润心灵。一个人会唱歌、朗诵或会跳舞等，都会给自己带来很多益处。艺术有时并不考试，却能够让人受益终身。而教育管理者，要最大限度地让学生们去接触艺术，感受艺术之美。

向前看　向前走

2020 年 1 月 22 日　腊月二十八

————————————————————————

早上七点半，在家人的睡梦中，我离开了家，开车到乡里开会。昨天，办公室通知我今早 8 点半开会。六十里路程，听了一本书的简介，又听了一节《刘心武讲〈金瓶梅〉》。对于枯燥的路程，光用来听音乐显得太奢侈了，听讲座更能高效利用时间。可能你听的不会永远记住，但是刹那间的思考，可能也能转化成内在的某些部分，可能也会在今后的某个时候发挥它的作用。

来到乡政府二楼，时间刚刚好余 10 分钟时间。总喜欢提前 10 分钟到，不喜欢那种仓促的卡点。开会时，台上只坐了一位副书记，书记和乡长都到县里开会了。副书记忽然在台上批评起办公室的人员来："谁让你们通知各机关单位负责人来的？胡闹！又没有什么大事。"

一般情况下，没有什么有关机关单位的事情，我们可以不参会。但是，只要工作人员打电话通知，那是必定要参加的。既然来了，就听听内容。会后，宣传委员又单独把各村委、居委书记等召集起来，布置了文明树新风活动。

今天是腊月二十八，在乡村这片大地上，这些乡镇政府领导、各村居干部等都还在上班。他们大年三十才放假，跟我们老师比起来，此时他们很辛苦。他们工作执行力很强，对上面的文件要求执行到位，不打折扣。这点是非常值得我们学习的。

开车回洪时，发现校工作群里有一位老教师在里面发表意见。每年发绩效时，总会有部分老师不满意自己的绩效，会在工作群里表示不满。刚到这个学校时，我们就根据实际情况制定各项制度。两年来，绩效制度在不断地修改。当一切都不再像以前那样稀里糊涂地分配，谁闹闹，谁就分得多时，有的老师可能就接受不了了。最终矛头可能就会指向校长。

绩效按照上级文件要求是不能平均分配的，要体现多劳多得。一个学校需要恰当的制度进行管理，人情只是起到辅助作用。没有原则地做事，就会犯错误。生活，除了向往阳光，还要学会面对阴暗。学校需要正气，向前看，向前走。努力推动学校向前发展，不能被障碍阻碍，停滞不前。人啊，可能就是在一次次直面挫折中，慢慢积蓄强大的力量。

下午午睡后，痛快地将方柏林的《及格主义》看完。这本书描述了作者对教育的一些看法，它指向了一个中间地段，优秀与后进步之间的状态。它由一篇篇文章组成，又像教育杂记。合上这本书，发现留给自己的很少。一个个观点组成一本书，却没有系统性。看后觉得就像一条条小溪一样清新，却没有壶口瀑布的壮阔。看得不过瘾。

接着看了杂志《教育科学研究》2020年第一期。这本杂志是我特意订的核心期刊。如果不看论文，也许根本就写不好论文。这个寒假，想梳理思路，去写些论文。好多想法在自己的心里酝酿，想把它们呈现出来。这本杂志一共十四篇论文，规格很高。我把每篇论文的小标题划下，还要把它们抄在笔记本上，去学习一篇篇文章的行文结构。

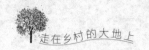
核心期刊的论文相当于范文，远比其他期刊要求严，更加规范。似乎有一种魔力在吸引着我，我想去探个究竟。晚上与弟弟一家在年前吃顿团圆饭。饭后，我便请他们一起看了一场电影《叶问4》。坐在我旁边的孩了看得梨花带雨，我却有不一样的思考。

在武术界，谁的功夫高谁就是师父。影片中的叶问沉着冷静、富有正义感、武功最好，他是师父。那么在学校呢？"功夫"最高的是否就应该是校长？校长可能就要像叶问一样，在教育教学方面要成为一个行家。如果校长不精通教育教学，那么就没有办法去引领别人更好地从事教育工作。

而若想成为教育界的"叶问"，必须勤学苦练。看书、学习、思考、写作，这些都是勤学苦练。没有勤学苦练，就成就不了叶问。同样，没有下狠功夫地钻研，自己也会一事无成。教育的迷人的姿态，需要沉下心去探索。

生命诚可贵

2020年1月28日　正月初四

晚上，我打开《簪花小楷》，用黑色圆珠笔开始临摹。一笔一画，一笔一画，慢慢书写。我希望，只剩下这些笔画，把白天的事情忘掉，然而它却挥之不去。仿佛是一个玩笑，却很残酷地变成了一个事实摆在你的面前。

白天，我坐在重病症监护室的门前座椅上，望着门上那几个蓝色的字"重症医学科"。它显示着威严，让人感受到生命的分量。

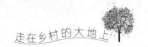

人的生命有时是多么不堪一击，甚至连翻身的机会可能都没有。

一大早，母亲就打电话给我，二爷家的儿媳妇剖宫产大出血，转到了县人民医院。九点多，我们陆续来到医院看望。可是，一股压抑的气息好似传递着最坏的结果。三十四岁的弟媳妇，她是高血压，剖宫产，孩子出生后，并发肝部出血，止不住。心脏暂停后，又导致大脑缺氧，昏迷不醒。现在身体不吸收外输血液，全身浮肿，随时有危险。

下午四点多，我们进入监控室，通过摄像画面看到她。她躺在病床上，原来不大的脸浮肿得像个圆圆的大饼。医护人员在她的旁边观察换药。这个来自四川的善良热情的姑娘，融入我们这个大家庭，带给我们很多温暖。如今，她孤独地躺在病床上，昏迷不醒。她的父母明天才能从四川赶来，刚出生两天的孩子还躺在保温箱里。

有回天的可能吗？大夫说，在他十几年的手术中，前面也遇到一次这种情况。剖宫产后，并发肝部大出血，治不好，这种情况太少太少了。我不敢把她的照片拍下来，留给下楼有事的母亲看，我害怕她感受到这种无助的凄凉。人是多么脆弱，有时无法主宰自己的命运。命运仿佛在医生手里，可是医生也可能无力改变。

上午在外等候时，一辆推车从门里推出。几个家人围着一个老爷子，一个妇女失声哀号。而我面前的一个妇女却很冷静。我扫了一眼她手里提的透明塑料袋，分明看到了只有人去世后才可以穿的衣物。瞬间，电梯前这个等候室变得冰冷。这个不认识的老爷子过世了！

我庆幸没有让先生和孩子一起来看望病人。一个人要有多大的勇气，才可以看淡生死？看似很简单，但就是一瞬间的看破，居然就可以把自己辛苦构建的现实世界，撞击得粉碎。然后，我们可能要经过一段时间，抑或很长时间，才能再一点点重新拾起，再一点点恢复。

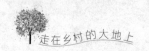

生命对于每个人都只有一次，它很宝贵。可是，危险也无时不在。如果，一步到位地在一家先进医院做手术，结局是否会有所变化？可是，不是每个人都会预估到最坏结果。

往往我们会认为一切都会比较圆满。那些曲折的不太可能发生的故事，似乎都是电视剧里编的。可是，电视剧来源于生活。生活不就是一部活生生的电视剧吗？猝不及防就会成为悲剧。

预防得越好，坏的结果出现的概率就会越低。把一件事情最坏的结果想到，努力去避免它。总比乐观地什么都不做，出现最坏结果而无力回天要好得多。人是一棵有思想的芦苇，它丰富却也很脆弱。

今天百度上发布了一条爆炸性的新闻，篮球巨星科比和他的二女儿乘坐私人飞机失事。报道说，当天有大雾，飞行员降低高度，为提高能见度，却撞到了半山上。他留下了年迈的父母、妻子，还有三个未成年的孩子。可以想象，他们的离去会给家人带来多大的无法抹掉的悲伤和深深的思念。

在现代和平社会里，生命诚可贵。有了生命，其他所有才有可能。而没有生命，什么都是浮云。避免最坏的结果发生，多么重视都不为过！

阅尽人生，依旧爱它
——读《人生海海》

2020 年 1 月 31 日　星期五

我看过电影《风声》，但《风声》的作者麦家的书却一本没看过。前几日，我从网上买了几本他的书。利用空余时间，我看完了《人生海海》。好久没有看小说了，以前看教育类的书籍或散文较多。相比散文等其他文体，小说更侧重于讲故事。整本书侧重于人物语言的描写，情节性很强，但环境描写相比很少。

"人生海海"取自闽南方言，意为"人生像大海一样变幻不定、起落浮沉，但总还是要好好地活下去"。作品中出现"人生海海"这个词，来自"我"的前妻，她出车祸临终前告诫"我"："记住，人生海海，敢死不叫勇敢，活着才需要勇气。"

这本书，作者耗时八年，经过五年打磨，最终呈现。与以往的《风声》等作品不同，这次的故事背景设置在麦家的故乡，不是"谍战"题材。麦家说："这一辈子总要写一部跟故乡有关的书，既是对自己童年的一种纪念，也是和故乡的一次和解。一个作家，他的写作是怎么也逃离不了童年和故乡的。"

《人生海海》围绕着一个身上带着很多谜团的上校展开，以一个十岁小孩的视角展开叙述，以村落为演出舞台。"可怜之人必有可恨之处"的小瞎子、重情重义却引来流言蜚语的父亲……他们与上校的人生纠葛缠绕。故事在窥探欲与守护欲的对抗中推进，矛盾最终在一夜之间爆发，谜底逐渐揭开。

上校，曾经做过军医，也被当地人称为"太监"。这本书的主人公是上校，但是关于他的描写，很多都是侧面描写。在别人的描述中，上校的经历和性格才展现出来。他拥有正直、仁义、勇敢、坚强等优良品质，深得村里人的敬仰。

他为了革命，他忍辱负重，但小腹上被绣的字却成了他一生的耻辱。他为了国家放弃了一个男人的尊严，却也因为这个成为村里人奚落的对象。但在村里人有难时，他还是第一个冲到前面，他用爱来对抗这个不公的世界。可是，他抹不掉的经历，又导致他受到深深迫害，最后被逼发疯。

另一个主人公——我，怀着感激和怀念的心情，最后为上校及妻子送终。小说最后写的是这样两句话：报纸上说，没有完美

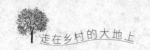

的人生，不完美才是人生。我哭着，想着，不知道我的哭声能传到多远，能换来多少阴阳两界的灵和人为他们送行？

在《人生海海》中，几乎每个人物都经历过艰辛、抉择，最终找到自己与人生相处的方式。麦家表示："我想写的是在绝望中诞生的幸运，在艰苦中卓绝的道德。我要另立山头，回到童年，回去故乡，去破译人心和人性的密码。"

王家卫评论道："有人说，稀奇古怪的故事和经典文学的直线距离只差三步。但走不完的也正是这三步。麦家的了不起在于他走完了这三步，且步伐坚定，缓慢有力，留下的脚印竟成了一幅精巧诡秘的地图。"

这部小说中的上校历经坎坷磨难，他周围的人也命运多舛。作品所弘扬的就是"人生海海"的意思。麦家对该词的解读又深一层："既然每个人都跑不掉、逃不开，那不如去爱上生活。"正如法国文学家罗曼·罗兰所说：世上只有一种英雄主义，就是在认清生活真相之后依然热爱生活。是的，我们要爱生活，看到生活的美，珍惜生活的美好。

深夜，窗外，雨声。忽然，飘来一位妇女厉声吵架的声音，渐渐平息。生活，有时不如意，有时一地鸡毛，但是依旧要爱它！

乐　趣

2020 年 2 月 1 日　星期六

这段时间，公公婆婆与我们在一起。在家的时候，我们还能看看书，他们却只好与电视相伴。可是，看电视也有看够的时

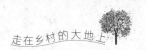

候，他们要求过两天回乡下去。理由是至少还能到螃蟹塘去干干活，在这儿没事干，实在闷。

在他们看来，在乡下干活远远比在城里看电视更有乐趣。每个人都需要乐趣，因为有了它，生活才会变得有意思。

晚上，我把正在屋内做作业的孩子拉到客厅。我拉着她的双手做些运动。故意打趣她："这段时间天天在家看书、做作业，你是不是在想：我要出去，我要出去！我想上学，我想上学！"孩子听了，开心地哈哈大笑起来。

父母的乐趣是回乡下干干活，孩子的乐趣是看书、做作业。乐趣有时可能与快乐无关，只要你发自内心地想去做就行。最后收获的还有很多与快乐无关的东西。

我在床头放了一本比较厚的书《世界名画·中国名画》。书中图文并茂，详细描述了中外名画的优秀之处。其实就是艺术鉴赏。

疲惫时，拿过来翻几页，没有阅读任务，信马由缰。往往面对一幅画时，有时觉得好看，却说不出好看在哪儿。有时又实在看不出它有什么好。我采用先看画后看文字赏析的方法阅读。先产生自己的看法，再与书中描述相对比。这样一对比，一种意想不到的发现就产生了。

当一幅名画映入眼中，很多时候自己根本不知道它好在哪里，似乎很平常。可是，书中却能用大段大段的文字，去描述这些画的独特之美。这是一个由小到大、由微观到宏观的放大过程。背景、构图、色彩、景物、感情等全面的描述让我惊叹，居然有那么多没有注意到的部分。从而你会发现，自己是那么无知又浅薄。

对照着文字的描述，再次打量名画。仔细观察画里涉及的各种物体，尝试从色彩、亮度、感情等多角度去思考，这可能也是一种探索。这份认真的观察和文字描述的补充，让自己看到了忽

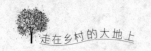

略的部分。而这份在意，居然可以去除浮躁，让心静下来。

这本书给我带来了惊叹，它让我看到了自己没有看到的世界，那么丰富美妙。如果坚持看完，观察能力和审美能力可能会有所提高。而这些，可以支撑自己即使独处时，也依旧可以感受到这个世界的丰富和美的一面。

今天，除了看书和用微信跟进了几件学校的事情外，还重点做了一件事，开始着手填写《薄弱初中质量提升工程项目申报表》。这是局里给的一项殊荣，不是每个学校都可以申报。二月八日前上报，时间很紧。

如果是五年前的自己，肯定会认为这些都是科研人员才做的事情，而自己是没有这个水平的。可是，五年后的自己，却并不这样认为。每个人的内心应该都有一股强大的力量，要让它释放出来，不能妄自菲薄。

面对不了解的事物，要做的就是努力去了解。

借鉴其他学校相关资料，结合自己学校及周边资源，我初步确立了项目名称为《基于项目化学习的劳动与技术课程建设》。这几日就要去查阅相关资料，完善申报表。最好两三日内完成，再请相关专家进行指导。指导后再进行修改完善，这样才能做得更好。对学校来说，这是一件大事，要努力把它做好。

越来越发现，自己对项目化学习的课程建设很感兴趣。一个教育管理者要有一定的课程领导力，要懂得课程建设。这里面有很多的学问，不断去了解，这又是一种探索的乐趣。

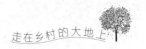

做一个内心强大的人

2020 年 2 月 3 日　星期一

前几日，浏览朋友圈，一个朋友读了丰子恺的书《万般滋味都是生活》，写了一段感慨：夜读丰子恺的书，丰子恺这样评价老师李叔同——"每做一种人，都十分像样。好比全能的优伶：起老生像个老生，起小生像个小生，起大面而又很像个大面……都是认真的缘故。"

以前在"十点读书"里听过《李叔同传》，我觉得丰子恺对他的评价好像还欠缺些什么。

李叔同（1880—1942），他是著名音乐家、美术教育家、书法家、戏剧活动家，是中国话剧的开拓者之一。他从日本留学归国后，担任过教师、编辑之职，后剃度为僧，法名演音，号弘一，晚号晚晴老人，后被人尊称为弘一法师。

他家里经营盐业和钱庄，是天津巨富。前半生是风情才子，后半生却是世外高僧。朋友展示的图片中有这样一行文字：弘一法师由翩翩公子一变而为留学生，又变而为教师，三变而为道人，四变而为和尚。

李叔同出家是有很多原因的，最主要的原因是艺术已经不足以安放他的心灵，所以，他选择了宗教，以此来超越无常的苦痛。

李叔同抛弃俗世的一切。他的日本妻子带着孩子到杭州灵隐寺劝他时，连门都没让进。他还抛弃了自己的事业，抛弃了他爱的学生。放弃的太多太多，好似就是为了寻求心灵的宁静安详。

可是，换个角度去思考。一个人要有多深的自省觉悟，才能如此决绝的选择放弃？这不是一般人能够做到的。如果我们是李

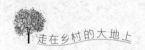

叔同，有妻儿，有殷实的家产，有如日中天的事业，是否会选择遁入空门？他放弃的可能是很多人所孜孜不倦所追求的。

然而，远不止如此。李叔同是个非常认真对待自我的人，他没有活在别人的评价里。他敢于正视真实的自己，他知道自己想要什么，也知道自己如何才能达到。他没有被别人所左右，包括妻儿在内。

这一切，需要什么？足够强大的内心。他做什么像什么的做事风格，也正印证了他丰富的而有自持力的内心世界。如果没有强大的内心，他也不可能抛弃所有去出家。而内心强大也许是我们要修炼的。

昨晚我给一位朋友回了个信息：日子就像一场马拉松，有人坚持，有人放弃。但还要向前跑。因为总有些东西在前方，让自己觉得那么美好。还是希望不惊，不怖，不畏，内心只有不气馁的平和和充实的喜悦。

朋友回了一条微信：内心强大，希望就会成真！朋友说得真好，内心不强大很有可能就会迷失自己，就谈不上去实现自己的目标了。

宗白华的《美学与艺术》里面有这样一句话：人性由剧烈的内心矛盾才能掘发出的深度，往往被浓挚的和谐愿望所淹没。这句话有很多意味。正如同朋友圈另一个朋友发的感慨：当所有人都以为我混得风生水起，我只是一个人走了一段又一段艰难的路。

很多时候是这样的，人们喜欢去分享别人的成功和喜悦。可是，成功和喜悦的背后必然有着艰苦的付出。而艰苦付出的背后可能又有着剧烈的内心矛盾。这些内心矛盾可能体现在：坚持或放弃，固守或突破，退步或进步，失望或希望，正视或迷失等等。抉择并坚持会变成一种煎熬。

书中说：固然，中国人心灵里并不缺乏雍穆和平如大海似的幽深，然而，由心灵的冒险，不怕悲剧，以窥探宇宙人生的危岩雪岭，发而为莎士比亚的悲剧，贝多芬的乐曲，这却是西洋人生波澜壮阔的造诣！

我想，所谓"心灵的冒险"可能就是这些剧烈的内心矛盾。"不怕悲剧，以窥探宇宙人生的危岩雪岭"可能就是不囿于现状，不怕失败，努力钻研积极进取的做事态度。这些加起来，应该就会构成一个强大的内心世界。

我们要努力构筑自己强大的内心世界。有了它，即使处在低谷也能够反弹。有了它，不会再会迷失自己。正如同李叔同的内心世界一样：春暖花开，皓月当空，心中一片宁静安详！

你的摆渡人是谁

2020 年 2 月 8 日　星期六

孩子向我推荐了英国作家克莱尔·麦克福尔的《摆渡人》，一共两本。利用空余时间，我看完了第一本。孩子问我看完有什么感受。我坦诚地告诉她："这本书很独特，作者想象力太丰富了。居然会想象出一个死后的世界，很离奇。"她听完居然开心地说："是的，我的同学说，看完这本书，就不怕死了。因为可以再穿越回来，重新再活。"

我想，这可能就是读书的力量。这本书居然能让这些青少年不再畏惧死亡。这是否就是一种乐观，因为有了生的希望。

小说中的主人公是单亲女孩迪伦，15 岁的世界一片狼藉：与母亲总是无话可说，在学校里经常受到同学的捉弄，唯一谈得来

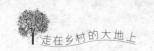

的好友也因为转学离开了。这一切都让迪伦感到无比痛苦。

她决定去看望久未谋面的父亲，然而，路上突发交通事故。等她拼命爬出火车残骸后，却惊恐地发现，自己是唯一的幸存者。而眼前，竟是一片荒原。

此时，迪伦看到不远处的山坡上一个男孩的身影。男孩崔斯坦将她带离了事故现场。但是，迪伦很快意识到，男孩并不是偶然出现的路人，他似乎是特意在此等候。

命运，从他们相遇的那刻开始，发生了无法预料的转变。崔斯坦是一个灵魂摆渡人，他负责将死人的灵魂护送过荒原，到达另一个安放灵魂的地方。荒原里充满了危险，很有可能被恶魔缠住带走。如果灵魂到达不了安全的地方，那么它将永远等不到自己亲人的到来。

在荒原中行走的日子里，迪伦和崔斯坦发生了很多争执和矛盾，但是他们居然互相爱上了对方。可是到了另一个世界后，崔斯坦是不能停留的，得回到荒原做摆渡人。

迪伦决定放弃现在的安全世界，大胆地重回荒原寻找崔斯坦，想跟他在一起，不再分开。这是相当危险的，没有一个灵魂这样做过。迪伦打听到，只要躯体还在，就能还魂，重回人间。她想和崔斯坦一起回到人间，活过来。

这个冒险的想法，如果不成功，迪伦就会消失在荒原里。也从没有人真正看到过这个想法实现过。

迪伦带着思念，义无反顾地回到荒原寻找崔斯坦。最后，她遇到了他，并说服他一起还魂。结果他们成功了。在现实世界里，迪伦被救起，躺在担架上。崔斯坦从不远处走近，握着她的手说："我在这里。"

拿到这本书，一开始觉得很平常。但是慢慢我发现，情节完全是意想不到的，令人惊讶的。这本书会吸引你往下看，而不是直接看书最后的几行字，去了解结果就算了。

　　我不禁想，迪伦是个单亲家庭的女孩，叛逆有个性，甚至不懂得爱。她背着母亲，离家出走，寻找久未谋面的父亲。是什么让她放弃安全，重返荒原？是她对崔斯坦的爱，或是崔斯坦对她的关心。又是什么让他们能够还魂回到人间？是彼此的信任和爱。

　　小说描述的是死亡后的灵魂必须经过荒原，可是这个荒原是什么？是否影射了我们的生活？现实生活跟荒原一样，周围的一切因为自己的想法不同，而显得不同，同时存在很多的困难和挫折。

　　当我们直面生存时，死亡与爱，哪一个是最终的选择？如果生命进入轮回，你又愿意为此付出怎样的代价？这个故事给每个灵魂注入了力量。

　　崔斯坦是迪伦的摆渡人，让迪伦感到安全、温暖和爱。崔斯坦让迪伦有了生的希望，变得积极向上，对未来充满美好期望。对崔斯坦的爱，让迪伦充满了勇气，义无反顾地去应对所有的困难，不再害怕和畏惧。

　　在书中，每个灵魂都会有一个摆渡人，但并不是每个灵魂都可以安然度过荒原。也不是每个摆渡人都会给灵魂以勇气和力量。而崔斯坦却是迪伦真正的摆渡人。

　　那么，现实生活中的我们，是否也有摆渡人？一个或者是几个？谁是我们的摆渡人？

　　是否存在一个人，当你想起他时，你就会充满面对种种困难的勇气。当你想起他时，就不再害怕和恐惧。当你想起他时，整个世界都会变得春暖花开。

　　这个人是谁？这本书的封面眉头上写着这样一句话：如果我真的存在，也是因为你需要我。

　　我想，如果崔斯坦存在，也是因为迪伦需要爱。而《摆渡人2》封面眉头上写的是：如果命运是一条孤独的河流，谁会是你

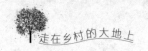

灵魂的摆渡人?

人需要爱,爱战胜了困难,让人有勇气面对风风雨雨。可是,谁是你灵魂的摆渡人?可能有,可能还没遇到。如果还没遇到,我们要做什么?

我们可以容纳别人,发现别人的优点,感受别人的关心和爱。我们要有自信、有信仰,努力让自己的世界春暖花开。

如果还没有摆渡人,自己是否可以成为自己的摆渡人呢?

不管有没有摆渡人,我们都要相信自己,相信爱。自己要积极向上,勇敢面对一切。感知这个世界,发现它的美好。即使不完美,也要深情地活着!

向生活学习

2020 年 2 月 12 日　星期三

偶然从一个群里看到一个同行的微信公众号,里面推送的文章达到 1000 多篇。但是其中有一部分不是他自己的原创作品,是转载别人的。阅读其中一篇,阅读量达到 4000 多人,粉丝数量更不用说了。

公众号的文章每日最多推送一篇,两年零两个月以来,我写了 491 篇原创小文。不算偷懒,但是也不算太勤快。偶尔翻看以前写的,现在的自己是无法写出一样的文章来的。它很大程度上是及时记录当时自我审查的生活的痕迹。

我不会去转载任何人的文章,放在自己的公众号"大象时空"里。即使别人的文章再精彩,自己写得再平淡。因为,别人的文章不是自己的思考。每个人都应该有自己的思考，这是认识自我的一个途径。

我期待着能够像那位同行一样，达到 1000 篇。但我要的不是篇目和粉丝的增多，而是写到 1000 篇后自己的模样，我希望那时能够活成自己希望的模样。它可能会让自己经历很多矛盾纠结甚至否定后，内心能生发出真正的力量。

这段时间逐步探索让自己效率最大化的学习方式。利用做家务的时间听书、听经典名著讲解、听中国大学 MOOC 课程。往往零碎的时间加起来比真正学习的时间还要多。

我从有书、简书、千聊、中国大学 MOOC 上订购了很多课程。花钱投资自己去学习是很有必要的。每天先花 20 分钟左右时间，听一本书简介，然后再听《易经》《刘心武讲〈金瓶梅〉》。另外还学习收纳、化妆、穿搭、养生、锻炼等课程。

特别让我兴奋的是，在中国大学 MOOC 上参与了四门课程的学习：《管理概论》《教师如何做研究》《翻转课堂教学法》《校本课程开发》。这些课程是对专业知识的补充，里面有视频讲解，通俗易懂。

三天做午饭的时间，我就把《管理概论》一半的课程听完了。管理是一门学问，学校管理是管理的一部分，我对管理没有系统地学习过，很好奇。邢以群教授讲解得很精彩，举例生动。做饭时，有时听得我与里面听讲的学生一起哈哈大笑。

家务之余，自己主攻的一本书是《苏霍姆林斯基文集（第三卷）》。这本书可能是我看过的最厚的一本书，总共 968 页。它很让我着迷，它是我看过的关于教育的最生动的书。他给我们描绘的是怎样一个世界？我越来越惊诧于这个苏联作家是如何写出这本书的。他需要多么用心的观察和细致的记录，才能做到呀！

苏联教育家苏霍姆林斯基在农村中学做了 32 年校长，忙碌却还坚持做班主任。他做班主任是为了更好地对学生进行观察。

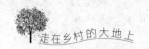

他教很多课程，有数学、语文、劳技、音乐等。他的课堂不局限在课堂。他带着学生去观察大自然，参观工厂作坊，去种植农作物果树，去手工制作很多东西等。

这本书里有他一次次活动的展现，有学生的诗歌、有趣的故事，更有他的思考。自始至终，他没有浮在现实的表层，而是用一种研究的眼光去看待发生的事情。他拥有那么多鲜活的案例，有着丰富的教育心理学知识，更多的是对少年儿童的深入了解。如果这些都是作者手写的，那么他要花多少时间来进行记录？这背后有他对教育的深深的爱和执着。

他写的内容涉及数学、语文、自然、劳动、美术、音乐、心理等，几乎包含教育的方方面面，从各个方面去促进学生的发展。其实，就是让学生学会生活。

生活，是需要学习的，可能没有人天生就会。我的孩子这段时间都在上网课，跟在校时作息时间一样。可是，她仅仅是在学习学科文化知识。像我这样，走向社会后，才发现校园没有学到的东西还有很多。学校没有教我做饭、穿搭、化妆、收纳、插花、欣赏音乐和名画等。但是没有被重视的这些，有时候却能够撑起日子美好的另一面。

早上炒菜有点急，油没热就放入菜，把老抽当成了生抽倒入，结果口感欠佳。打开衣柜，忽然发现七八年前的一件绿色半身裙子，卷尺一量，才47厘米。这么短的裙子，很明显不适合自己，当时怎么就冲动地买下了？中国大学MOOC里有那么多好的课程，我以前怎么就不知道？

炒菜时油要烧热的原理、老抽与生抽的区别、陈醋与香醋的区别等，这些在学校里没有人告诉我。母亲只是夸奖我做的菜好吃，可是我并不懂。买了一件件衣服，下一件好似都比上一件更适合自己。但是那么多真金白银砸下去，究竟自己适合穿什么样的衣服呢？早就听说慕课（MOOC），为什么自己从来没去了解过这方面课程，怎样才能更好地提升自己的专业水平？

生活当中有太多的问题，而这些问题在学校时并没有用心去想过的。但苏霍姆林斯基所描绘的教育世界里，却包含了生活当中的方方面面。有种植、劳技、欣赏审美等，它们都来自现实世界。走出校门，学生面对生活，可能会产生很多问题，要学很多知识。考试的学科知识只不过是一部分。学校教育可能没有充分涉及的，在学生走出校门后，可能会一个不落地要再学。

这也许就是生活，每个人的生活所面对的，可能都是大同小异。一个人，如果会做饭、会整理房间、会穿衣打扮、会看书学习、会欣赏艺术、会与人交往、会勇敢面对困难，那么这个人是多么生动有趣啊！

教育可能不能去包办学生所有的一切，不是培养完美的人。但是，这些与生活有着重要联系的技能，哪怕仅仅是一些开端的引导，可能也会像种子一样播撒在孩子的心里。总有一天，会发芽、开花、结果。我们的教育从根本上来说对人是非常非常重要的！

生活需要阅读

2020 年 2 月 18 日　星期二

昨天在校值班，由于下过雪不久，地面向阳处积雪融化，背阴处还是白雪皑皑。本打算与其他两个同事清扫校园，但这种情况只能作罢。拍完值班合影照发工作群后，我便来到了三楼办公室。

外面阳光甚好，我把小凳子搬到办公室门旁。倚在门框旁，腿上放一本书、一支笔。我抬头向天空望去。春天里，今天很明媚。虽然温度并不高，还有呼呼的冷风。天空悠远湛蓝，阳光清澈透亮。阳光仿佛可以直接透彻地照在人的心里。虽然它中途被风儿带走了很多温度，但当它笼罩在脸上时，却仍让人感受到它的温暖。于是，整个校园在阳光下风儿里静止不动。人儿就这样望着满是阳光的蓝天出神，很舒服。

这几日看完了三本书：《苏霍姆林斯基文集（第三卷）》、毕淑敏的《蓝色天堂》、王开岭的《古典之殇》。用手机计算了时间，一小时大概可以看100页。一般一本书300页左右，如果按照这个速度，大概三小时，就可以看完一本书。当然，有个前提条件，必须把手机的网关了，静音最好，保证看书的时间没有什么事情分心才行。

《苏霍姆林斯基文集（第三卷）》，900多页，很厚，用时最久。但是，我爱看！它给我们展示了一个浩瀚生动的教育世界。在苏霍姆林斯基的世界里，我看到了他对教育的爱和执着。工作中，他遇到了很多跟我们类似的情况。但是，他并没有拘泥于现实，而是带着研究的心态去打量。

我无法想象，他是如何写出这么多的文字的。如此翔实的记录，没有及时地归类整理是做不到的。他所经历的一切都变成了写作素材。而他是校长，还是班主任，写作时间从哪里来呢？在他写给儿子的信中，他说自己早5点到8点进行写作。忽然发现，他真是聪明。因为这三小时，可能没有任何人或事打扰他。而其他时间则是相当忙碌。他这点是值得借鉴的。

在这本书里，我找到了一种让自己心安的东西。那就是围绕国家对教育的目标，不断去学习、思考、实践、总结。苏霍姆林斯基有理想，勤奋努力，善于学习，相当自律。他的文字里没有浮躁和狭隘，只有大境界和大格局。那种发自内心的对教育事业的热爱，值得我们学习。

毕淑敏的《蓝色天堂》讲述了作者自费环球一圈的事情。书中开头说：我用了100多天，倒海翻江。买那张船票，花费了半生的积蓄。你花几十块钱，读它一页或几页，就可以沿着海，听素颜的地球在悄声诉说……

这本书近400页，但是字相当小，这样容量就大了。图文并茂，很是有趣。作者100多天的经历，我在家里花了三天的时间就经历了一遍。毕淑敏做过医生，还精通心理学，又是作家。她的文字相当细腻。即使她看一座平静的山，外人可能发现不了什么，但是她却能描绘得惊涛骇浪。而那些惊涛骇浪，你可能根本想象不到。这些看不见的感觉描写，她能写出千言万语来。

王开岭的《古典之殇》是一部追溯古典、保卫生活、怀念童年的书。他的文章像一幅水墨画，轮廓鲜明。有的文章字数不多，但你明显能感觉到凌驾于它们之上的作者的观点。它透露的是作者内心深沉的怀念，对现代生活与过去相悖的某些批判。甚至，书里还有骂人的脏话，以表达自己的不满。这个作家很有个性，已经不太在意华丽语言的组织，更注重表达的思想。

三个人，三本书，三个主题。看书就像旅游一样，看到的，无形中就会开阔自己的眼界，会让自己去思考。早上，我带着一根跳绳，找到一处有阳光的地方锻炼身体。已经好久没有走出家门锻炼了。在蹦跳中，看见太阳那么灿烂。我大口呼吸，开始淌汗，索性在跳了1000多下后，抬头仰望着温暖耀眼的太阳。

阅读对生活是多么重要，它可以带你去领略不同的风景。就像现在，跳绳的感觉仿佛在家乡的田野上奔跑一般！

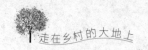

开会带来的思考

2020年2月19日　星期三

　　下午近2点，忽然接到乡党政办电话：下午3点在乡会议室二楼开会。幸好是两点打来电话，若再迟些，是到不了的。因为家到学校有60多里路程，开车一般要四五十分钟。

　　于是，我2点离开家，赶在3点前到乡里。3点的会议准时开始。会后开车回到家，正好7点。

　　开车近两小时，开会三小时，一下午就这样过去了。路上的时间正好可以用来听课，打开中国大学MOOC里的课程《教师如何做研究》。里面开始讲解变量、自变量、数据分析、数据样本等。关于科学研究的这些方法，我听不太懂。

　　乡里的会议布置工作相当扎实。第一，根据县里的文件精神制订切合实际的乡工作方案，责任到人。第二，逐条进行讲解，让相关责任人明确自己要做的事情。第三，选取三个人员进行表态发言。第四，领导人再次梳理工作，提出可能遇到的困难，鼓励创新工作。会议结束后，各组具体负责人又单独召集相关人员开小会落实。

　　这四条，其实就是工作布置的五步走。乡政府的执行力是相当强的，不含糊。这一点与学校管理是相通的。但是在学校管理中，往往会忽略第三点。其实第三点就是亮态度、表决心。目标明确、细致分工、责任明确，这些在工作的开始是非常重要的。

　　这就是工作，它会生发很多不在自己意料之中的事情。自己的计划可能就会被打乱，但是所要练习的，就是在这些乱的基础上，去抓不乱的东西。

　　每天的时间是有限的。在一些没法改变的要做的事情中，要

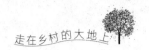

思考如何充分利用时间，完成自己想做的事情。这样，走路就可能会与灵魂同步。各美其美，美美与共！

读《孙权劝学》新悟

2020 年 2 月 22 日　星期六

上午 8 点，我开始通过网课给学生辅导。大致讲解了古文《孙权劝学》。听到了学生熟悉的声音，我喊着他们的名字，他们清脆地回答着。我能感受到彼此的欣喜。仿佛通过声音，你就能感觉到他们的心跳。他们对老师是想念的、信任的、爱戴的。这种师生之间心心相印的感情很让人陶醉，做老师真好！

而对《孙权劝学》，我忽然有了新的发现。这篇古文译文如下：起初，吴王孙权对大将吕蒙说道："你现在身当要职掌握重权，不可不进一步去学习！"吕蒙以军营中事务繁多为理由加以推辞。孙权说："我难道是想要你钻研经史典籍，而成为学问渊博的学者吗？只是应当广泛地学习知识而不必去深钻精通。你说要处理许多事务，哪一个比得上我处理的事务呢？我常常读书，自己感到获得了很大的收益。"吕蒙于是开始学习，与以前大不同，有很大长进。

这个故事，很早以前就知道，内容一看就懂。可是，今天再看时，却是心头一震。细细分析与当代的我们有很多关联。

第一，孙权认为吕蒙要提升自己的理由是身当要职掌握重权。重要的职位上必须不断学习，不然才不配位。

第二，孙权认为吕蒙应该广泛地学习知识，而不必去深钻精

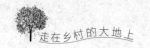

通。他强调的是广泛学习，不是深钻精通，成为一个渊博学者。那么广泛学习的内容就涉及很多知识，而这些广泛的知识适用于吕蒙的实际工作。同样我们也要广泛学习知识。

第三，孙权认为吕蒙的事务多是借口，用自己做对比。他那么忙，都有时间学习，更何况大臣吕蒙呢？可想而知，我们可能还没有吕蒙忙。

从这个故事中，我们可以发现孙权是一个非常喜欢学习的人。他认为要多看书学习，才能更好地胜任自己的工作。曹操曾经评价他"生子当如孙仲谋"，足可以证明孙权相当优秀。

记得我们开展的一次教师读后感交流活动，有一位同事就委屈地说："我每天这么忙，要上课、备课、改作业，哪有那么多时间看书啊？"我开导她："在学校时，你再忙有我忙吗？比如，中午一小时的午觉，可以睡半小时，另外半小时用来看书。看书的时间是挤出来的，挤一挤还是有的！"

古代的孙权用不断学习提升自己，巩固了吴国的地位，从而形成三国鼎立的局面。一个人，不是什么都会。他需要不断扩充知识，才能丰富自己，提高自己。而看书学习是一个最重要的途径。如果我们心浮气躁，如果我们只有自见，看不见别人，归根结底可能是因为我们学习不够，了解外物太少。

下午，在温暖的春日阳光里，我看完了《钱铁峰教育文集》上册。把书中很多工作都画下来，准备以后摘抄整理借鉴。钱校是南京外国语大学仙林分校的原校长。书是我在南京培训特意去拜访他时，他送给我的，还签了名。这本书给我展示了仙林分校优秀的办学经验，是钱校的教育思考。

钱校展示了一个他已经实现的教育乌托邦。它与我现在的农村学校几乎是截然不同的。它们种种不同的对比，撞击着我的心。我想要什么样的教育，我要把这所农村学校驶向何方？

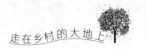

从简·爱看人生必备的三要素

2020年2月24日　星期一

　　《简·爱》是初中阅读的一部名著，它是英国19世纪著名的女作家夏洛蒂·勃朗特的代表作。书中简·爱给人们留下了深刻的印象。

　　简·爱是一个孤儿，从小寄养在舅妈家中，受尽百般欺凌。后来进了慈善学校洛伍德孤儿院，灵魂和肉体都经受了苦痛的折磨，但她以顽强的意志以优秀的成绩完成了学业。简·爱从令人讨厌的学校毕业，在罗切斯特先生的庄园找了份家教的工作，负责教育罗切斯特先生的女儿。在此过程中两人擦出爱的火花。

　　但在两人结婚当天，她意外得知罗切斯特先生的妻子并没有死，而是疯了并且正关在庄园里。于是，简·爱离开了庄园，并碰到自己的表哥、表妹。正当简·爱犹豫是否与表哥一起离开英国做传教士的妻子时，罗切斯特的庄园由于疯妻纵火毁于一旦。罗切斯特本人也受伤致盲。心灵有所感应的简·爱赶回庄园，两人从此幸福地生活在一起。

　　我们从故事简介中可以发现，简·爱可以用"四自"来形容，即自尊自立、自爱、自强。当再次看完这本书，合上书籍，从一个中年人的角度去看简·爱，可以发现简·爱人生的轨迹有三个关键点。她人生的基调是悲哀的，可是最后的生活算是圆满的。简·爱的人生中有哪些因素促使她的生活向好的一面去发展呢？下面说说自己的看法。

一、注重学习

　　简·爱不听从舅妈的"教导"，从而被送进了慈善学校洛伍德孤儿院。她在这个学校生活了8年，其中6年是学生，2年是

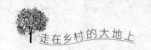

教师。这就相当于留校任教，从中发现简·爱的成绩肯定相当优秀，不然不会被留校任教的。

简·爱在坦博尔小姐的照顾下，体会到了平等、关爱。好友海伦的过世，也激励她要好好地活下去。她珍惜在学校生活的日子，在学习上有了很大的进步。她学习多国语言，学习弹琴、绘画等，还养成了良好的生活习惯。

她的知识促使她成为一名优秀的家庭教师。当她离开罗切斯特，表兄给她介绍到乡村做教师时，她仍旧可以做得很好。而绘画这一兴趣爱好，成了陪伴她的朋友，帮助她排遣了寂寞。简·爱的家境是不幸的，但是扎实的学习又让她的人生柳暗花明又一村。

二、自食其力

简·爱在洛伍德孤儿院是一名老师，是有工资的，这一点很重要。这个职位让简·爱不依附别人而生活。在桑菲尔德庄园工作，一年30英镑的薪水是高于在孤儿院的，这一点让她很是高兴。而离开庄园后，她没有带什么盘缠，甚至包都丢在了一辆马车上。她想的还是找一份工作，能够自食其力。

最后，在表兄的帮助下，她重新获得了教师的工作。她没有任何抱怨，珍惜这个来之不易的工作。如果她愿意回到罗切斯特的身边，罗切斯特会给她很多财富，不需要她再工作。但是，简·爱并没有那样做。一个人只要有一份工作，就能够自食其力，在社会上生存。这是最基本的。

三、拥有梦想

简·爱在生活的每个阶段始终都是充满梦想的。小时候在舅妈家，她渴望关爱平等，可是得到的却是歧视。她没有妥协放弃，毅然选择了去学校上学。8年里，舅妈等亲人从没有到学校看过她，但她仍旧对未来充满希望。

简·爱毕业后留校当了两年教师后，她受不了那里的孤寂、冷漠，又登广告找到一个家庭教师的工作。这是需要勇气的，离开的勇气，投入一个陌生环境的勇气。即使在罗切斯特家做家教，在她感受到一些不公正后，她仍旧想再换一个工作。

简·爱拥有对爱情、婚姻、亲情的梦想。在得知罗切斯特的妻子尚在，自己可能会成为情妇时，简·爱选择了离开。我们发现简·爱的自尊，也可以发现简·爱对爱情的定位必须是平等的、尊重的。当她找到自己的表兄、表妹时，把叔父的遗产也分给了他们。简·爱去照顾快病逝的舅妈，彻底原谅了她，并积极帮助了两个表姐。

简·爱这个人物带给我们很多生活的力量。一手烂牌，最后却有比较圆满的结局。注重学习给了她自食其力的自信，拥有梦想又促使她不向生活妥协，不断向前走。人生，本就不是完美的。抓住这三点，我们的人生也会慢慢活成自己想要的模样。

学习的力量

2020 年 2 月 27 日　星期四

这几日做饭时，我都会打开手机微信公众号"十点人物志"，听听里面的人物传记。一般介绍一个人物会分 10 节介绍，每节十几分钟。这样两个多小时就能听完。相比起看书，它的介绍比较概括，大致让听者了解主要内容。虽然没有看书精细，却能把做饭的零碎时间利用起来。

今天听的是《大江大河》，里面三个男主人公不同的命运引起了我的思考。

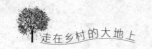
宋运辉天资聪颖，出身却不好，一直备受歧视，但是他把握住了1978年恢复高考的机会。抓住机遇，勤学苦干，他当上了国企的技术人员。一步步晋升，奠定了成功人生的基础，但也在新时代的变革中逐渐迷失。

与宋运辉不同的是他的姐夫雷东宝。他出身贫寒，属于根正苗红的"大老粗"，行动力十足。在乡村改革的浪潮中带领村民紧跟政策，一直走在时代的前沿。但由于自身文化水平不高，眼界不够开阔，最终绊倒在新事物脚下。

如果说宋运辉和雷东宝的经历是国有经济和集体经济的缩影，那么个体户杨巡无疑就是个体经济的典型代表。在翻滚向前的时代中，他手忙脚乱抓住过商机，也踩踏过陷阱，生意场上几经波折，最终拥有了自己的产业，成了那个时代个体经济的典型代表。

从别人的人生里，我们往往可以发现很多东西。在对比中，似乎可以发现改变命运的钥匙。

宋运辉、雷东宝和杨巡，这三个人物都有自己的优点。宋运辉坚持学习，雷东宝胆大敢为，杨巡随机应变。三个人物都不是一帆风顺，无论感情还是事业上，都比较坎坷。但是，对比三个人，在事业上走得比较稳的是宋运辉，虽有挫折，却是节节高升。

雷东宝为了拉到贷款，不惜贿赂，做假账，以致中途入狱。出狱后，他赤胆忠心为企业拉外贸单，不断购买机器，却使企业变得虚空。遇到市场变化，订单受损，一味地扩充，导致工资发不出。从而引起众怒，被大家罢免。杨巡从小老板变成大老板，不断投资，也不断受挫。他在跌跌爬爬后，才拥有了自己的产业。

但看雷东宝和杨巡，之所以他们的企业会屡屡受挫，归根结底是对市场管理知识不太了解。当一个投资的行家到雷东宝的企业考察时，这位行家就果断决定不投资给他。因为，这个企业太虚空了，一味拉贷款，买机器。投资过多，一旦订单有变，生存可能很困难。可是，雷东宝并没有认识到这个问题。而他为企业辛苦付出，换来的却是大家的反目。杨巡的屡屡受挫，也是由于对市场经济缺乏一定的了解。

再看宋运辉，当雷东宝选择当兵、杨巡选择做生意时，他却执着地选择了念书学习。为了能够有考大学名额，他不惜带着高考书去喂猪，争取机会。到大学后，他更是珍惜机会刻苦学习。刚分配到工厂做小工时，他待得最多的地方就是图书室。学习给他打下了坚实的基础，让他成为技术方面的佼佼者。相比另外两位而言，工作后的宋运辉在事业上呈上升趋势，没有走错一步。

回过头来，怎样能够避免雷东宝和杨巡所遇到的大波大折呢？如果能把他们所缺的弥补上，也许就可以。做生意，不能光靠经验，还需要很多，政策、人品、资金、情商等，其中最重要的可能就是不断学习管理知识。假如雷登宝不一味地借贷款、增机器、揽订单，可能就能避免最坏的结果出现。他失去了这个为之奋斗的企业，被气得住院，最后回老家养病。

宋运辉与雷东宝和杨巡最大的不同，在于他坚持学习。这个从山村走出的穷孩子，20年后带着妻小回老家时，他已经算是功成名就了。这些也许是20年前的乡亲们没想到的。

三个人物，我最喜欢宋运辉的坚持学习。一个人一生中会遇到很多困难，这是正常的。可是，不变的，能让自己不停止成长的，可能就是学习了。你的书不会白读，你的努力也不会白费，总有一天会冒出来。

今早6点起床后，近三小时，我修改完成了一篇关于项目化学习的论文。发到邮箱，参加省里的乡村教师论文评选。电脑旁放着《课程教材教法》《教育科学研究》两本核心期刊。我借鉴了里面一些论文的行文框架和书写风格。

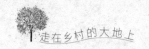

我忽然发现，想写论文，不看论文是不行的。犹如一个想游泳的人，你必须看别人怎么游，还要自己下水去实践才行。每天除了坚持看书外，还要坚持看杂志，研究别人的论文是怎么写的。核心期刊应该算是一个标杆了。

学习，坚持学习，它是困顿中的一道曙光。顺着这道明亮的光芒，你会看到一个更好的自己。这就是学习的力量！

《人民教育》开阔视野

2020年3月1日　星期天

昨天，去学校值班，我特意把自己的第一节课与第二节课数学调了一下。这样，不至于自己刚到校，就急急忙忙上课，太仓促。在门卫处没有看到杂志，我估摸着2月的杂志在学校对过的邮局里，还没有送来。

于是，我来到邮局，快递员将中学的杂志整理好交给我。邮局人员指着我手里的《人民教育》《教学与管理》等，感叹地对我说："有的杂志太贵了，一年三四百呢！"我笑着说："贵是贵，但是它好啊！要开阔视野，就要多看杂志。"他点点头。

抱着这些杂志，搂在心口，仿佛抱着珍宝一般，满心激动。这里面是一个个广阔的教育世界，它们可能是在这个比较偏远的乡村学校所想象不到的。

记得去年在武汉培训时，一位年轻的校长开讲座，对我们说，他要研读两个权威性杂志，要看完一年的，从而弥补自己眼界的不足。当他离开经过我身边时，我及时站起来咨询他："请

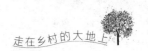

问您会看哪两个杂志？刚才没听清楚，能告诉我吗？"他低声告诉我："《人民教育》和《北京教育》。"

今天，我把《人民教育》第二期看完了。它深深地吸引着我，它并不像《课程教材教法》一样都是论文。看完后，我就开始后悔了。后悔什么？我后悔认识它太迟太迟了。

里面开篇就是 2019 年中国基础教育年度报告，2019 年教育方面发生的所有变化及制定的制度全部囊括其中。这本杂志，就像一个教育的海洋，那么辽阔，甚至还能看到风起云涌。而其他一些杂志的论文，可能只相当于海洋里泛起的一朵朵小浪花，或者岸上的一粒粒沙子。

回想 2019 年，我们经历的教育方面的一些事情，都能在这个报告里找到痕迹。其他的文章也很接地气，在述说着教育关注的最前沿的事情，读起来如沐春风。

工作，不能光顾埋头拉车，还要抬头看路。要去了解国家的制度，去学习借鉴其他学校的优秀经验，要养成阅读教育杂志的习惯，它是对书籍的一种补充。

《人民教育》，天高任鸟飞，海阔凭鱼跃。方向明确，去飞、去游！

从雾里看花到真真切切
——农村初中线上教学的反思

2020 年 3 月 3 日　星期二

从 2 月底开始，学校开始全面铺开线上教学。根据实际情况

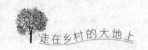
我们选择了 QQ 进行线上教学。这样，教师就可以运用课件等教学资源，可以与学生面对面进行交流。农村初中有其自身的特点。电脑、流量、智能手机、家长监督等一系列现实的条件摆在了线上教学的面前。几天来，我们线上教学出现了一些问题，针对问题我们及时采取了措施，相比开始时的线上教学情况有所好转。

一、出现的问题

针对线上教学，教务处根据局统一要求安排了课表。每个老师按时间段进行教学。教务处对三个年级进行查课，每天公布上课情况，及时总结。可是，各个班级普遍出现很多学生迟到、学习人数不多的情况。例如，3 月 1 日，初一的第一节课语文课，按时上课的只有 2 人，上课 10 分钟后有 14 人。初二一节数学课，只有 10 个人。作业反馈情况也不理想。这些问题可以试着从三方面来分析。

（一）学生问题

每个班级确实存在几个学生没有智能手机的情况。有的单亲或孤儿与爷爷奶奶居住；有的学生家长返工后，把手机也带走了。但是，更多的家长给孩子提供了可以上网学习的手机。每个班级的 QQ 群里只有少数几个不在。然而，部分学生可能还存在时间意识、学习意识淡薄的情况。他们还处在寒假模式中，没有认识到线上教学就相当于在校上课。

（二）家长问题

寒假时期，学生处在家长的监督范围之内。针对一再延长的假期，他们对线上教学认识可能还不到位。有的家长重视孩子学习可能只是停留在口头上，没有主动给孩子创造线上教学的物质条件。学生在家学习期间，家长没有及时了解上课和做作业情况。对学生监督不到位，可能不知道该如何去监督。

（三）教师问题

面对每节课出现的学生迟到、旷课的情况，教师如何处理。在看不见、抓不着的情况下，教学效果大打折扣。有的班主任在班级群公布每节课上课的学生名单。但是，不上课的学生如何去做工作，这些游离在管理之外。

二、解决的方法

上面就是这几天出现的农村线上教学的突出问题，它们已经严重影响了线上教学效果。如果保证不了绝大部分学生按时在线，线上教学可能就会流产。要想办法扭转这个现状，努力达到我们预期的效果。

（一）召开会议，端正思想，提高认识

我们利用手机视频功能，召开了班主任及部分教干会议。再次强调，现在已经是在家工作时间，不再是放寒假，要高度重视线上教学。针对当前出现的问题，商量解决问题的切实可行的方法。针对农村家庭教育的实际情况，每个班级都会有几个学生因为物质条件不具备，从而不能参加线上教学。但是，不能因为他们而轻视现在的教学。我们的眼睛要盯住可以参与线上学习的学生，不能松。

（二）细化工作，任务明确，盯到个人

1. 排查情况，确定上课人数。每天将第一节的学生到位情况发到班主任群，教务处及时了解情况。确定可以线上上课的班级学生数字，每天点名、上课，一个都不能少。出现情况，及时打电话了解情况。班主任备齐每个学生两到三个电话号码，防止一个号码打不通时，别人也能告知。

2. 督促上课，及时反馈。班主任每天至少发一遍本年级的课表，及时提醒学生上课的时间和科目。早上督促学生将早读图片在固定时间发微信群。教务处设计每班学生作业检查表，教师及时检查学生作业，并反馈到班级群。每周全校统一时间开班会，

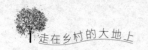

反馈一周学习等情况。

3. 加强微信和班级 QQ 群管理。不能光表扬上课的学生，也要曝光不学习的学生。针对上课不到位或未做作业的学生，班主任或任课老师要打电话，及时告知家长。微信与 QQ 学生的昵称全部改为：学生姓名＋称呼＋电话号码，以便任课老师与学生家长联系。

（三）科室筹划线上学习的优秀学生评比等一些活动

教务处每周要对在线上教学中表现优秀的听课的学生、作业做得好的学生进行表扬。政教处要开展学生在家锻炼活动，结合乡里的"五美庭院"评选活动，开展爱劳动美化环境等活动。对各班级涌现出的表现优异的学生大力表扬，并利用美篇、公众号等进行宣传。

这些评选活动可以让学生认识到自己的表现不仅仅在学习上，还在家庭里。评选活动可以极大地丰富学生在家的学习和生活，更好地促进线上教学的开展。

三、反思

线上教学，对于农村初中的孩子来说是一个新的挑战。虽然有极少数学生因为物质条件不支持，而导致无法上课，但是绝大部分学生是可以做到线上上课的。今天的第一节课，一个班级除了有 4 个确切无法上课以外，其他学生全部按时参加了线上上课。这几日的实践证明，线上上课看似雾里看花，却也可以让它真真切切。

特殊时期，家庭教育就凸显了重要性。可是，家校紧密联合，线上教学才不至于走偏。教师一定要把学生上课和做作业的情况，及时与家长进行沟通交流。每个家长对孩子都是充满希望的，他们需要我们的引导。我们要明确地告诉他们，指导孩子在家学习生活的方法。教师和学生之间开展线上有效教学还在摸索中。我们要及时地总结经验，根据不断出现的问题，再进一步寻

求解决方法。

朱永新教授说："我们之所以需要教育，是因为我们相信教育能够把人类带向美好。"我们期待着从没有在家经历过线上教学的农村孩子，开学后来到学校时，他们让我们看到的美好模样，是自律而又积极向上。

惊蛰过后

2020年3月6日　星期五

放假以来，这么多教干聚在一起开会还是第一次。大家见面相当亲切，都很高兴，愉悦之情溢于言表。其实，这么久了，学生想上学，老师也想上学。毕竟家以外的世界也是生活的一部分。

今天处理了晋级、评选女模范教师、小店承包等一些事情。一直马不停蹄地忙活到2点多，必须开车离校，因为3点半还要在家上一节语文网课。上课时，不知怎么回事，出现了一些故障，不能看PPT。所以，我就改为了讲解练习。今天班里参加网课的23人，有4人因为硬件条件不能上课。学生的书都已经分时段到学校取过了。有了课本和练习后，上起课来方便多了。前面我给他们印的教材没有派上多大用场。

下午5点多，一位同事打来电话，告诉我，她认为自己很优秀，上报教育局的女模范教师应该是她。这个时候，可能听她倾诉是最好的方法。我肯定了她一番，又把评选方法说了一遍。过后，她发来信息，又向我道歉了。

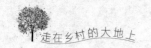

每年三八妇女节时，局里都会表彰一批女模范教师，我们学校只有一个名额。今天上午接到通知，明天上午就要上报，时间相当紧。文件要求要体现德能勤绩，绩效正好可以反映这些方面。校委会在一起研究，根据绩效（去掉班主任费）按得分排名。近三年获得过此项奖和一年内未在教学一线的，不予参评。

我们先把制度进行了公示，过后经过统计调查，公布了女模范教师名单。制度公布后，一些女教师就打电话给副校长，希望学校推荐自己。不想当将军的士兵不是好士兵，想评为模范教师，这是好现象。可是，如果大家都想要这个名额，随便给就会产生混乱，形成不正之风。

其实，每位女教师在自己的岗位上都是认真负责的。可是，认真负责只是态度，每个人的课务、成绩等还是有很多不同。如果一个教师，不想做班主任，不想多代课，不想上早晚自习，可遇到优秀名额，却想得到，于情是通的，但于理不行。如果干得少的得到了优秀，那么这个学校的教师可能就没人想做班主任，没人想多代课了。优秀的评选标准，就是办学的导向，要能起到促进学校发展的作用。

当然，学科特点不同，也可能出现副科教师没有机会获得优秀的情况。可是评选可以有很多种方法，在不断地完善。最终，我们希望制度能让每一位教师都能看到自己的希望，以及达到希望的路径。这条路不是去闹去叫，而是凭自己实干对比得出的。

昨天是惊蛰，惊蛰过后，气温回暖，万物复苏。好的制度，能够起到引领作用。在开学之前，要去思量很多制度，借鉴、完善。比较完善的制度，也能够像惊蛰一样给人以希望。

需要真思考

2020 年 3 月 11 日　星期三

　　今天学校线上上课休息一天。上课十几天来，学生由不适应到适应，慢慢习惯了这种上课方式。虽然每个班都会有几个因为物质条件而不能参与上课，但是大多数学生是可以参加线上上课的。在这种特殊的方式下，学生的学习自觉性可能会有一些提高。

　　疫情虽然是一个"灾难"，但是事物总会有它的两面性，至少让大部分家长都能与孩子相处的时间久些。对于自己来说，大部分时间，我可以看见自己的孩子，可以为家人做一日三餐。如果开学，可能好几天在校住都不回家。而每周也只有周日中午，全家能在一起吃顿团圆饭。所以，对于家庭来说，家人团聚也变得多了起来。

　　日子接近 3 月中旬，现在人们最关注的就是开学的时间。

　　早上，等孩子吃完饭开始早读，我便骑车来到了城北运动场。有人跑步，有人打太极拳，有人跳舞。我跟在几个大妈大爷的后面照葫芦画瓢地打起太极拳。缓慢的动作，需要自己去控制半蹲的姿势，居然也能让人冒汗。

　　回家时，我故意放慢车速，眼睛不断寻找路边的荠菜。可惜，即使是菜地，也没有荠菜。我想干什么？想挖荠菜。准确地说，想用手去摸摸泥土，用眼去仔细看看大地上春天的色彩。

　　人需要什么？当我们每日都与家人厮守时，心里却又想着可以外出接触社会，走进大自然。这是一种需要，它们是生活的一部分。忽然想起了梭罗的《瓦尔登湖》，这位作家离开熟悉的环境，独自一人到瓦尔登湖上生活了两年零两个月。他有哪些想法？

　　我向孩子借了这本书，她再三叮嘱我：要保持书的整洁，不许在书上画线和写字，不许有折痕。我很不情愿地答应了。看书

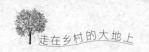

时，如果不及时画出自己喜欢的句子，不及时写下自己的想法，过后就忘了。但是，书里却有孩子的画痕。这是她的书，她很珍惜。珍惜书是一个好习惯。

翻开著名的《瓦尔登湖》，你会发现梭罗说的都是实话。但同时，也会发现一些混乱。这些意识流一样的想法，像水一样绵延流下去，却看不到什么明显区分。而这本书，肯定有很多人是不喜欢看的。书中大部分是大段的叙述，也很凌乱，不知他究竟围绕什么中心在写。

可是，梭罗的《瓦尔登湖》的魅力是什么？看完30多页，发现它展现了一个人内心的真话。梭罗说的是真话，而且是抛弃了很多世俗的观念。很多想法，我们都产生过。但是，现实生活的种种，却让我们忽略了这些原本的想法。

可能，我们往往会故意忽略自己内心真正的想法，而去追随别人公认的观念。但是，当你独自一人，或夜深人静时，这些真正的想法又会冒出来。于是，之间的矛盾，可能就会产生焦虑和不安。

一本书的长久在于作者的真思考。我们也需要卢梭这种扪心自问的真思考。

六斤六两肉

2020年3月16日　星期一

今天到学校值班，相比昨天，气温低些。风儿飕飕，仿佛把阳光的一些温度也刮走了。因为风较大，所以我们没有打扫办公

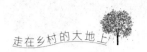

楼前的树叶。

8 点半，我们三个值班的一起拍照合影。发到工作群后，我便找门卫老张借了辆电动车。骑着电动车，我来到了乡里的菜市场。在一个猪肉摊上，买了六斤六两肉。为什么买肉呢？因为老张的老婆今年六十六岁了。前段时间值班时，我在值班室里，偶然听到他老婆说自己六十六岁了。在农村有个习俗：六十六，吃块肉。一般情况下，子女要买肉给六十六岁的长辈吃的，当然其他礼物也可以。

骑车回校，我把车还给了老张，并把肉递给了他。他有些不知所措。我怕他不要，安慰他："人一辈子能有几个六十六呀，我不知道就算了。知道了，肉是要买的。本来想买一双鞋给阿姨，但害怕不合脚。"

下午 5 点值班结束，照例，我们请老张的老婆帮助我们照了张值班合影。可是，我没想到的是，她把电动三轮车推到了我的车旁。她把在学校菜园种的一些菜放到我的车里，有大蒜、小青菜、白菜等。

这些蔬菜摘得很干净，没带泥土，码得很整齐。她感慨地对我说："向校长，我的儿子闺女都没有买肉给我吃，你买给我。你这是当我闺女了，你还给我孙女买衣服，对我们一家都照顾。这些菜是我和老张下午在菜园现摘的，一棵一棵理干净的，你回去用水淘淘就行了。"

我忙谢谢她："你客气了，你们住在学校，照顾不周，要多包涵啊。学校晚上都要辛苦老张了，你也睡不好。"

老张一家住在学校，晚上的校园值班都靠他。白天里，学校的水龙头漏水、小朋友翻墙头进来到操场跑步等，只要有不好的现象，他两口子都会及时告诉我或其他值班教干。在我眼里，他们就是学校的卫士，是学校的功臣。

有时，我会思考如何调动教职工的工作积极性。简单的一份工

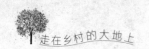
作，按照要求应付是可以完成。可是，想把事情做好，却是需要花心思的。就好比门卫巡视校园一样，他可以啥问题都没看见，可以看见了也不说，也可以看见了说出来，还可以再监督问题落实的情况。如果可以达到最后一步，那么这个门卫就很优秀了。

把人的情感打通，关心别人，把别人放在心上，他可能就会把你放在心上。情感可以促使工作更好地开展。古代刘邦和项羽，最后刘邦建立汉朝，其中有一个原因，就是他周围有一群拥护他的得力干将。刘备如果没有关羽、张飞，没有诸葛亮，他会怎样？一个好汉三个帮，一个单位，要靠大家的努力。

对于一个单位，每个人都重要。教师重要，教干重要，食堂工人重要，门卫同样也重要。如果每个教职工都很在乎学校，就会形成凝聚力，这个学校就不会走下坡路。而调动教职工的工作热情，那就是八仙过海，各显神通了。制度对大家都是一样的，但是情感沟通，因人而异。

六斤六两肉，其实没有多少。但是，我想通过这份礼物告诉老张：虽然你是门卫，但是你在我心里很重要。我把晚上的学校交给你看管，背后是因为我信任你。我相信你能把学校看好，对工作负责，就是感谢我的最好方式。

人物传记中的对比思考

2020年3月18日　星期三

如果写成了一种习惯，那么只要心里积淀一些无形的想法，可能你就会想把它转化为可视的文字。可能也唯有这样，内心才

会如春天里天上的风筝一般，自由荡漾。

这段时间，利用做饭的时间听手机里"十点人物志"的书：《朱元璋传》《钱钟书传》《名人传》《杜月笙传》《拯救玛丽莲·梦露》《可可·香奈儿的传奇一生》。看完的书有《瓦尔登湖》《课程的力量》，正在看的书有《诗经》《史记》《世界名画·中国名画》。

这些听的、看的书比较杂乱。可是每本书都能给自己带来一些思考。以前有人评价《金瓶梅》是一本淫书，可是当你听了《刘心武解读〈金瓶梅〉》，这个观念可能就要改变了。这本书是一个生动的封建社会，故事的曲折和人物不同的跌宕命运，可能会超出你的想象。

往往专家的解读，会高于自己的理解。虽然曾经看过5遍《红楼梦》，但是在听完《蒋勋讲〈红楼梦〉》80节讲座后，自己才发现这本书还有那么多没有注意到的情节和交错的关系。原先自己的理解是那么肤浅。这些名家的解读，让古代经典作品的魅力更加熠熠闪光。

闭上眼睛，你什么都看不见。可是，你看过的、听过的书里的故事和思考，无形中会开阔你的心胸，让你感受到生活的丰富和美。这可能就是读书的一个益处。而一个时段，对待听完的、看完的书，就可能像竹子一样，自己要对它们做个总结。

在这段时间听的人物传中，人物涉及了中外古今，有皇帝、学者、音乐家、画家、演员等。姑且全放在一起就某个点进行对比，从中找出对我们有指导意义的一些道理。

在这些书里，只有《瓦尔登湖》的作者梭罗是主动要求独自一人到一个湖边生活的。他在湖边盖房子生活，看书学习，又及时用笔写下了自己的思考。他关于人的思考，远远多于对大自然景物的描写。梭罗在湖边度过了两年零两个月，没有家人陪伴，在物质生活比较匮乏的情况下，他却能够独自忍受孤独寂寞。

梭罗主动离开群居生活，去体会独处的好处。这是一种有意

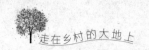

识的体验，本质上梭罗是快乐的，他的反思让他收获很多。物质的贫乏却让他的内心充实，思想更明朗。

与他主动要求苦难不同的是：朱元璋、钱钟书、贝多芬、米开朗琪罗、玛丽莲·梦露、可可·香奈儿等。他们看似充满成就的背后，其实有很多的苦难。出生后的家庭背景就是其中一个方面。

在他们的家庭背景中，钱钟书稍好些。他尽可能地去多念书，为自己打下了良好的文化基础。而其他几个都不佳。朱元璋在父母死后，居然连父母下葬的土地都没有。为了不饿死，他只好到寺庙去当和尚糊口。玛丽莲·梦露几乎是一个母亲不要的孩子，寄养在别人家。做演员前为了生活在工厂里做工，也为了更好的生活而嫁给了第一任丈夫。

就婚姻来说，朱元璋和钱钟书要圆满些，其他几个都不如意。每个人都有爱和归属的需要，于是组建了家庭。家庭是有一个共同目标的，可是在这个共同目标下，夫妻二人还有自己的目标。当自己的目标与家的大目标不一致时，就会出现分歧。毕竟每个人都想成为更好的自己，都有自己的目标，而不是丈夫（老婆）想让自己做什么，自己才能做什么。这就涉及婚姻的包容。如果不能妥善解决目标的不一致，最后可能就会离婚。

玛丽莲·梦露、可可·香奈儿就是如此。她们结了好几次婚，不是因为她们不好，而是因为她们对事业的追求得不到丈夫的支持。比如，玛丽莲·梦露的第一任丈夫，不想让她去演电影，照顾好家就行了。对喜爱电影的她来说，结果只能离婚。而贝多芬和米开朗琪罗，后来出于种种原因，直接就没有结婚。

如果朱元璋的老婆不支持丈夫辛苦打江山，朱元璋可能早就把她休了。假如杨绛不支持丈夫钱钟书著书立说，或者杨绛喜欢打麻将赌钱，不问家事，他们之间也不会和睦。

忽然想起听到的一个小区里的故事。一个妈妈带着两个孩子上学，老公在外做生意，一年只回来几趟。这样过了十几年，有一天妈妈要求离婚了。她什么都不要，不要孩子，不要房子，也不要老公的钱。在这份决绝中，这个妈妈想要什么？她的世界可能只是围着孩子转，没有老公的陪伴，可能也没有她自己。日复一日，她可能不愿再过这样的日子。

每个离婚的人或不婚的人可能都会有一个故事，都有理由，不能用好与坏来衡量。婚姻如同脚上的鞋子，舒不舒服只有自己知道。而离开，可能只是为了找到一个更好的自己。圆满的家庭里也会有一个个曲折的故事，可能也会充满酸甜苦辣。不离婚的家庭也并不一定就幸福。

可是，这些人物都是在某一个领域成了佼佼者。他们尽自己所能，做了自己想做的事情。这些在很大程度与自己的兴趣和目标有关。这点源于什么？他们都有一个共性：善于学习，不断实践。

钱钟书是大学者，不用说了，书看得很多。而朱元璋、贝多芬、米开朗琪罗、玛丽莲·梦露、可可·香奈儿等，他们都是因为不断学习，才让自己崭露头角。朱元璋是在斗争中积累经验，治国安邦。玛丽莲·梦露，在刚成为演员的时候，就开始学习表演课程，补充文化。可可·香奈儿在生意不断受挫中，仍旧不断创新，去形成自己的品牌。他们的目标很明确，一辈子坚持做一件热爱的事情，不断地补充完善。特别是贝多芬，即使在耳朵聋的情况下，还创作了《命运交响曲》。可可·香奈儿70多岁了，还在设计服饰。

然而，在这些人物中，玛丽莲·梦露只活了30多岁，传说是服用药物过量自杀死的。而其他几个自然而终。就条件来比，玛丽莲·梦露的物质条件是相当优越的，但是在精神方面她却相当匮乏。假如让玛丽莲·梦露体会一下朱元璋的创业艰辛，体验一下梭罗在瓦尔登湖的生活，去感受一下贝多芬的耳聋，去体会

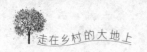
一下钱钟书晚年的痛楚，她会有什么感受？

这就是生活，每个人的处境不同，虽然都遇到挫折、苦难，都不断学习，在自己喜爱的领域里崭露头角，但是，每个人对待生活的态度却不同。有的拥有了事业，却没有内心强大的力量，而更多的人却是选择在薄凉的世界里深情地活着，努力活出自己希望的模样！

面对生活的困难，要有韧性和目标，通过不断努力学习，去活成自己希望的模样。而教育，最终是为了人的发展。要把这些渗透在学校教育中，延伸到学生以后的生活中。最终，教育可能就是教会学生去学会生活。人生只有一次，好好过！

不愤不启　不悱不发

2020 年 3 月 21 日　星期六

昨天晚上检查七（1）班语文作业时，23 个上网课的学生全部上交了作业。看来这段时间盯紧是有效果的。可是，一个学生发微信给我，有两份一样的作业。谁抄了谁的作业呢？

调查清楚情况后，我在微信里告诉那个抄作业的学生，有空打个电话给我。不一会儿，她联系了我。我问她作业做了没有。她像什么也没发生一样高兴地告诉我，做好了。我启发她，在哪儿做的作业，怎么做的，怎么你的作业跟别人的作业一样啊？这是怎么回事？

她意识到自己露馅了，不说话。我软语提醒她：饭要自己一口一口吃才有营养，作业要自己做。线上教学中的监察很不容易。所以，根本不需要大惊小怪，兴师动众地处理。只要她自己认识到错误就可以了。不能深究，更不可从这一点看到老。也就是说，工作中，不能揪住一点不如意的地方放大再放大，更不能以偏概全地否定某个学生的一切。

《论语》里有一句：不愤不启，不悱不发。意思是不到他努力想明白而得不到的程度，不要去开导他；不到他心里明白却不能完善表达的程度，不去启发他。这是孔子的教学方法。在这件事情的处理上就体现了这一点。不要去直接批评，让学生自己去反思，老师再去启发她。

这是对学生的一个教学方法，那么在管理中是否也可以用到呢？

下午，我在电脑前坐了三小时，不断完善薄弱初中质量提升工程项目申报表。23日要盖章上交县里，26日要到市里现场答辩。按理，这个申报工作应该由业务副校长转交给教科室主任来做。可是，提前认真地进行了揣度后，我发现这个申报表内容的书写相当有难度。没有一定的高度，没有深度的思考，会没有头绪，抑或做得一塌糊涂。于是，我自己就学校实际，结合当地情况，全盘考虑，定了课程项目名称，并详细地按要求完成了申报表。

可是，晚上我忽然发现：我做错了。因为这个关于课程的申报表只有我自己知道，其他人都不知道。而如果批下来，实施起来，要靠他们来实际操作。如果我一下把现成的方案捧给他们实施，效果可能不会太好。也就是说，我的亲自代劳是不利于工作的。

这件事情应该怎么做？首先将通知转给业务副校长，他再交给教科室主任。如果他们不会填写课程申报，肯定会向我提出来。这时，我要把他们召集起来讨论。在讨论中结合他们的发言，适时指个方向。然后，他们按照这个方向再去准备。最后，

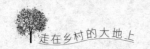
在互相交流后的几次修改后，再进行定稿。可能最后就成了自己所设想的样子。

这个过程会涉及很多人。大家群策群力，讨论出项目名称、建设内容等。在一次次申报表内容的修改中，他们对课程会有新的认识，也会学到很多关于课程建设方面的知识。这是对他们的锻炼。

可能我早已想好了项目名称，思量好了建设内容，可能自己来做这件事会比他们做得更出色，但是我不能先说，也不能先做。而要让他们去想、去说、去写、去做。这两者之间最大的区别在哪里？由一人做转为多人来做。管理可能需要掌舵人指明方向，但更需要大家的齐心协力。

有时候，学校管理也如同孔子说的：不愤不启，不悱不发。很多事情，要让教干自己去经历。让他们在做事中发现自己的不足，然后通过不断学习提高自己。即使自己可能知道该如何做，有时都不要主动去说，去做。只能在他们做的过程中，产生需求时，才可以适时启发。

真正让一个学校有长远的发展，不能靠一个人，而是靠一群人！

明天开学了

2020 年 3 月 29 日　星期天

盼望着，盼望着，春天的脚步近了，春天来了。我们也盼来了开学的时间：初三 3 月 30 日，初一、初二 4 月 7 日。

晚上，我把一朵大红花别在了书房开关贴上。鲜艳的大红花下面有个穗子，上面写着"光荣"。这是上午参加乡里 2019 年目标考核会上，领奖时戴的。我们学校被评为乡机关年度考核先进单位。

记得以前有一次获得乡先进教师，到家随手将红花撂在了桌上。时间久些，可能就扔垃圾桶了。然而，母亲却把它从不起眼的地方拾起来，别在了我蚊帐最显眼的地方。我很奇怪，不识字的母亲说："多好看啊，这是一种光荣！"然后，我发现她用一种近乎崇拜的目光望着这朵大红花，那么神圣，如获珍宝。

从那后，只要领奖戴花，我都会把它带回家，小心翼翼地放在最显眼的位置。然后，同样也认真地近乎崇拜地望着它。眼里只有它，那么显眼，那么神圣。这可能是对荣耀的一种礼仪式的尊敬，似乎也能够净化心灵。

可是，在鲜艳的大红花的后面，却有很多努力和坚持，甚至还有很多否定和纠结。

3 月 26 日上午，我在家修改了一上午的薄弱课程基地申报方案。修改了 7 遍后，还是觉得有不如意的地方。没有完美的方案，这是正常的。而让我不安的是，明明看出了它哪儿不足，却不知道该怎么改。我所掌握的知识，无法解决所遇到的困难。书到用时方恨少，不安不断袭向我。

26 日下午，我们一行三人到市教育局参加了答辩。我做了 5 分钟的汇报，然后帮扶学校两分钟发言，我再回答评委的提问。评委一连问了我四五个问题，明显已经超过了规定的 3 分钟时间。我充满课程建设的激情，思路清晰地回答了她。

结束后，我坐到原座位上听其他人汇报，好似还没有从紧绷的状态里反应过来。答辩，就像是医生给躺在手术台上的病人做手术一样。了解病情，对症下刀。在他们轻松的提问和点评中，我们感受到他们对相关知识透彻的理解。但是相比他们的轻松，

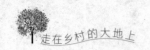
自己却是比较痛苦的。这么多天来，这个重要的任务，一直压着我。而结束，只意味着痛苦暂时告一段落。

一个朋友问我结果情况，我在微信里告诉他：努力了，就随它去吧。而自己却暗暗下决心，一定要多看课程设计和项目化学习的相关书籍。因为在几位评委一针见血的评价后面，应该有我看不见的努力学习。在某个领域想成为一个人才，没有艰苦的努力可能无法实现。如果想摆脱这种不安和焦虑，可能除了深入学习，没有其他方法了。

27日休息一天，28日上午在教育局参加省防疫视频会议，下午回校召开了防疫培训等会议。29日今天上午，当我在乡里开了三个半小时的目标考核大会时，全体教干和部分教师已经在学校进行了彻底大扫除。我们要把校园打扫干净，明天迎接初三学生的到来。

12点多，大家吃完泡面后，一起又进行了隐患大排查。我们走遍了校园的每个地方，发现的问题，政教和后勤及时记在本子上。修修补补的工人也跟着我们，以便更加明确地知道自己的任务。每到一处，发现问题时，我们就会对相关的跟随教干说清要求和再次检查的时间。

学校一大圈转下来，自己的嗓子有些哑了。旁边的同事心疼我："你不要再说话了，声音都哑了。"看着大门处细致的通道和整洁干净的校园，心里很是舒服。我亲爱的学校，明天初三的孩子们就来了！你会因为他们的到来而生机勃勃、丰富多彩。

明天早上6点20分要开车去学校，因为全体值班教干7点10分前到校。初三的学生7点半到校，我们要在校门口迎接他们，并进行晨检。而今夜，他们想的可能不是在家再多待会儿，而是：快点天亮吧，我要上学！我要上学！

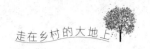

今天开学了

2020 年 3 月 30 日　星期一

今天，我们开学啦！

上面一行字，在心里渴盼了很多天。这个寒假变成了暑假模式，终于迎来了开学。即使初三的学生先报到，但校园总算有了学生的存在。可能，没有了学生的存在，校园就会失去自己独特的魅力。

早上，7 点赶到学校。等着 7 点半的到来，因为 7 点半到 8 点是学生报到的时间。接着，派出所来了 6 位警官，防保所来了 3 位医护人员，教干们也陆续到校。我们站在过道的两侧，每一个学生从我们的面前经过，在大门处测量体温。几个家长和街上的人站在不远处看着我们。

就这样，我们隆重地迎接了两个多月没见面的初三学生。接着，我们迎接了来自县局和乡里领导的检查。教室、学生、宿舍、餐厅等，他们很细致地过问一些细节，也发现了一些有待改进的地方。我们上午针对一些问题，小范围几个教干开会，确定解决方法。

下午，我把上午很多情况在脑中过了一遍，又发现了一些有待解决的事情。这些事情必须合作，而且要提前准备。于是，3 点我们又召开了全体教干会议。特别提到校园大，没有初一、初二学生，只依靠初三的学生打扫卫生是不现实的。政教必须对全校卫生区进行重新划分，让所有教干参与到卫生打扫中。还特地让后勤为每个教室和宿舍、科室配备带盖垃圾桶。餐厅卫生要再加强等。

学生在食堂吃饭，一张长桌坐两个人。他们吃饭很是安静，

155

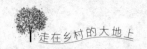

表现很好。晚自习后，住校生在宿舍整理床铺。今晚是第一个住校之夜，我看到了学生的镇定。可是，在这镇定之后肯定是兴奋。

紧张的一天过去了。晚饭我没有在食堂吃，在办公室冲了一杯牛奶，顺便看了几页《世界名画·中国名画》和《诗经》。这两本书可以让自己暂时脱离白天的事情，到另外一个世界里。它们带来的是内心的安宁和镇定。这可能是读书的一个好处，让自己的心静下来。

明天值班，自己要连续三天都在校。开学了，我可能很快又会变成没心没肺的妈妈了。不能做饭给家人吃，不能陪伴他们。但愿能有双全法，不负工作不负卿！

上　瘾

2020年4月2日　星期四

前几日，我们邀请了县蓝天救援队，来对我校进行全方位消毒。他们提供工具和消毒人员，我们只需要提供84消毒液。我也是第一次接触他们。因为看到他们在别的学校消毒，于是打电话联系了。

让我惊讶的是，这个组织的人员居然都是志愿者，他们都有自己的工作。其中身材魁梧的队长居然也是中学老师。他是利用业余的时间，参与到活动中的，已经参与十几年了。他意味深长地对我说："做这个有瘾！"

消毒结束后，他们并没有接受我们给予的一些油费。虽然学

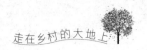

校离县城较远，可他们分文不收。

他的话给我留下了深刻的印象，很耐人寻味。为什么做这个志愿者活动会有瘾呢？里面肯定有让人着迷的东西。忽然想起，去年一个公益组织在我校开展的感恩活动。同样，成员都是来自各地的志愿者。他们不收学校的费用，相反还给予学校很多物资。志愿者中，有老板，有公司职员等。甚至有的志愿者开着车来学校参加活动。

很明显，他们不是为了盈利来的。那么他们这样做，究竟是为了什么？这里的原因，可能与"上瘾"有很多关联。试想一下，没有任何功利心，只是为了帮助别人做些事情。若只是这样，充盈心胸的将是一种多么美好的崇高情感啊！它是那么简单、纯朴。这种情感会洗涤人的心灵，使人向善向美。

志愿者的这句话，让我思考了好几天。有时候，禁锢心灵的可能是一些我们看得比较重要的得与失，它们会滋生很多附带物。可能就会让我们忘了让自己心动的最初做事的理由。那个简单的理由是那么让自己热血澎湃，以至于会让自己觉得心胸坦荡，一往无前。

可是，什么会让自己找不到那个"上瘾"的理由？这里面很难说清。可是，那个"上瘾"的感觉，是那么踏实、那么坦荡，又是那么有存在感。

4月7日，我们将迎来初一、初二年级学生开学。下午，学校召开了教干开学工作会议，迎接第二次开学。在会上，每个教干都诉说了开学后的工作打算，其他人提建议，使其完善。这种合作式的讨论很有实效。

一件事情，在几个部门的一起交流后，居然可以产生最佳的实施途径。这种公开的汇报，让我们看到了彼此的努力，也看到了一个生机盎然的新学期。我为几个问题得到妥善的解决而兴奋不已。这就是讨论交流的好处，一个人有时思虑是不周的。

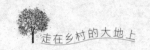

会后接到一个紧急通知，我把一个修改后的表格交到了局里。这样，今晚就没有在校。在家吃完饭，我便到小区旁的广场舞处跟着一帮大妈扭扭腰肢、甩甩手臂。她们很是积极，只要不下雨，晚上她们都会在这儿跳舞。似乎，广场舞有一种魔力一般，能够让她们痴迷上瘾。

做志愿者有瘾，跳广场舞有瘾，我们教育管理工作能否也达到"上瘾"的程度呢？如果做事能达到一种"上瘾"的程度，那么应该是一种幸福的享受！可是，那个最简单的初心，我们可能让它承载了很多复杂的附属物。

其实，很多事情不需要别人的认可和物质给予，只要自己去付出就好。而自己的收获可能就是那份发自内心的喜欢和坦坦荡荡的快乐。这也许就是"上瘾"的原因。

要学会调节自己

2020 年 4 月 6 日　星期一

昨天上午，我们召开了新学期全体教师第一次开学会议。出乎大家意料的是，我们首先进行了先进教研组的评选工作。6 个教研组的组长，用幻灯片展示所在组的工作情况，逐个夸着自己的组员。我坐在会议室的最后，认真听着前面组长热情洋溢的介绍。

表扬的力量是巨大的，我分明感受到教师在认真地用心听。这种表扬来自同事，组长夸同事，更有利于教研组工作的开展。对同事的尊敬和认可，要表达出来，汇报活动就是一个很好的载

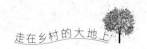

体。活动就是一种仪式感，它能让人有一种被认可的满足感，还能增进互相了解。

下午在校忙到 5 点多，看到一部分教师留下来没走。原来，他们准备去参加一个同事母亲的丧事。我们都去送过了花圈，他们问我去不去。我抱歉地笑笑说："你们去吧，我不能去吃饭，要回去做饭。"

确实如此，我希望在开学前的两天，自己能给孩子多做几顿饭。一旦开学，我可能好几天都看不见她，也可能一周只与她在一起吃一顿饭。

吃完饭，广告公司把设计好的一些图片发我看。我把对图片的一些想法告诉她之后，就觉得整个人不太好了。仿佛心被放在了火上烤一般，焦灼难受，浑身又有点冰冷无力。于是，我破天荒地在夜晚 9 点多就睡了！

10 点半醒来，已经舒服多了。先生已经把碗刷了、地拖了，又督促孩子洗漱。看着他忙碌地出来进去，我表扬他："谢谢，你真好！"先生听了我的话，看着我愣了一下。他打趣地说："哎呀，你这人就是嘴甜，会讲话！"

再看过正在做作业的孩子后，我又扛不住了，继续昏昏睡去。9 点多睡时是浑身冷，而第二次再睡却是浑身烫。先生开玩笑地说："你这要是发烧了，我们爷俩可能都不能去上学了，都会受到牵连。"我回答他："如果我发烧了，最关键的开学就不用去了。"

今早，早起做早饭。孩子吃完早饭回她屋上网课后，我便来到了运动场走一走，希望能恢复一下活力。但是，事与愿违。在一个网球场，我在一个长凳子上坐了下来。8 点前的网球场没有一个人。四周的栏杆上已经充满了绿意。我把手机里的讲座关了，就这样没有什么力气地静静地坐着、看着。

很少出现这种情况，以前我所表现出来的可能都是充满活

力。问题出在哪里？如果说，同时有很多事情涌向你，同时悬而未决，而每件事情的处理，可能都要耗费自己很多的精力，带来的可能就是焦虑不安。

我一直在寻找并尝试形成自己的学习和工作的方法。家庭、生活、工作，事情很多，其实都很重要。但是，事情中还是要分清主要和次要事情，抓大放小。精力有限，什么都花心思去做好，可能都做不好。虽然知道自己需要补充很多知识，但是急不得，要慢慢来。

明天就是初一、初二学生返校了。4月7日对学校来说是个重要的日子，这一天我们所有师生都会到校。

走在乡村的大地上，我希望有着昂扬的姿态，充满信心地与教师共同发展进步。要学会调节自己，这样才能拥有一个好的身体，才能更好地做事。这个世界如此美好，值得我们多保重自己，去好好爱它！

你笑起来真好看

2020年4月7日　星期二

今天是初一、初二学生春季开学的日子。早上，我们站在校门口隆重迎接他们，我们和学生久别重逢。家长送孩子到校门外，看着孩子背着书包，拎着行李走向校门，不愿立刻离开。家长眼里充满了不舍，孩子却兴奋地奔向校园的怀抱，很少回头。

这个校园，是学生长久以来的渴盼。好多学生日记里都发自内心地呐喊：我想上学，我想老师，我想同学！今天的校园对学生来说是熟悉的，又是陌生的。我分明能感受到他们眼里的激动，那是离开家后，融入另外一个集体的新鲜感。

查看课间情况时，九年级教室外站着一排男生，沐浴着阳光。我从他们面前经过，仿佛阅兵一般注视着他们。他们好似变得很郑重地站立着望着我。我冲他们笑，每一个男生都向我打了招呼，声音此起彼伏、悦耳动听。我不断回应着：你好，你好！我猜想他们也是开心的。

晚上，分批次吃饭，我跟随在七年级（1）班的旁边，刚刚我带着他们在班里阅读《骆驼祥子》。他们排着整齐的队伍，前后间隔一米，安静地走着。但是，我分明感觉到这份安静下有着不安静，需要去激发一下。

于是，我抛了一句："想来上学吗？"一句话，惹得学生向我投来炽热的目光，他们迫不及待地大声回答："想，我想上学！"紧挨我旁边的一个男生，有些激动地杂乱地表达着："我太想上学了。老师，你不知道，我太高兴了。我到现在都还在高兴中，很开心，很开心。我不想再待在家里，我想来上学！"

我仿佛成了他的一个老朋友，他就这样东一句西一句地向我诉说他的高兴，快乐得就像一只叽叽喳喳的小鸟。我们来到食堂门口，女生先进，男生在外等候。

看着他们熟悉的脸庞，我给他们来句总结："一个假期没看到大家了，大家变白了，变胖了。"忽然，这个一路跟我诉说高兴的男生，突然问我："老师，你看我也变白了吗？"我点点头，然后他又补充一句："老师，老师，你再看看我的笑。我今天都是这个样子，太开心了！"

他脸变白了，稍胖了些，露出了两排洁白的牙齿。这张脸那么真诚，那么快乐，那么坦荡。我大声地夸奖他："你笑起来真好看！"忽然，前面有一个小个子男生，回头冲着我们接了一句话："你笑起来真好看，好像花儿一样。"这帮男孩子听了，哈哈

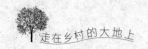
大笑起来。

我想起，这句话应该是今年春晚里一首歌的歌词。于是，我走到那个回头的小个子男生面前，把这句歌词冲着他大声唱了一遍：你笑起来真好看，好像花儿一样！逗得他们笑得更开心了。我挥挥手，示意他们进入食堂洗手吃饭。一个一个，他们步履轻盈、轻快无比地从我面前经过。

今天我们终于在校园相聚，同学们的笑容真好看，真的就像春天的花儿一样！

春暖花开

2020 年 4 月 11 日　星期六

今天中午在食堂就餐，一位女教师把已上一年级的儿子也带到食堂吃饭。我到时，妈妈正在劝儿子吃饭。我笑着问小家伙："你几年级了？"小家伙望着我，妈妈代替他回答："快告诉阿姨一年级了。"我故意逗他："你想上学吗？"他抬起下巴，嘟着嘴，把头偏过去。妈妈补充一句："明显不想上学。"几个老师见了，哈哈大笑起来。

她们吃完饭，从我身边经过。就听到小家伙好像质问妈妈："我就是这样的习惯，你看能改吗？"接着妈妈说："当然能改了，错了就要改！"

一个一年级的小学生所表现出来的个性，它可能与妈妈的要求不同。于是在矛盾、冲撞、抗衡、斗争中，会慢慢让一些习惯得到修正。而每个阶段，孩子所表现的问题可能都会不一样，这些需要家长细心观察和及时督促改正。

这是生活中发生的一个小片段，而工作中每一个阶段也可能会呈现出一些不同的问题。它需要管理者敏感地去发现，并及时纠正。

这一周是 4 月 7 日学校全面开学以来的第一周。今天周六，正常上课。这个学期很短，大概 110 天。

这一周，我们都很辛苦。特别是食堂分批次吃饭，给教学带来了一定的冲击。分餐制相比合餐，增加了食堂工人的工作量。开学第一天，一个食堂工人不打招呼地不来上班了。接着又有一个工人生病请假。没有办法，部分教干和教师参与到食堂的打饭中。这种齐力为学生打饭的忙活场面，让我们看了很感动。

食堂就餐、宿舍管理、上课、值班、学生线上教学测试等，开学第一周任务比较重。更重要的是，在第一周里，各项工作都在不断改进。很多原先的想法在实施中由复杂变得简单易操作，具有实效性。

今天上午两节课后，我们召开了全体教干和班主任会议。把本周的各项工作进行了总结，针对本周发现的问题，提出整改方法。要求后面的工作要切合实际，各项工作要互相协调配合，共同为前勤教学服务。整个学校就是一盘棋，每一个环节都不能出错。

没有完美的管理制度，只有切合实际的管理方法。在实际管理中，发现问题解决问题，慢慢就会探索形成适合的管理方法。这可能就是因地制宜、实事求是、解放思想、开拓创新。

今天，我把自己每天上午的语文课都调到了第一节。因为第一节课时间是 7∶40—8∶25，这个时间段一般没有什么事情，可以专心上课。而第一节课后，我就可以去听公开课，去处理学校的其他事务。疫情防控期间，大型的集体活动，甚至一些培训活动都非常少，待在学校的时间会更多。

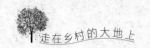

昨天上午去局里办些事情，结束已经12点多。我坐在教育局外面的车里，准备回校。可是，有些疲惫，想歇会儿。我在手机上记了两句话：我是谁，我想干什么？这两个叩问仿佛把自己拽得很深很深，一直往下落。昏昏沉沉的我在车里睡了一觉。1点多醒来，头脑清爽，开车回校。早已过了学校食堂开饭的点，我在校外的小饭店吃了一碗饺子。猪肉芹菜馅的饺子好似散发着春天的气息，那么清新。

工作的意义究竟是什么？你会看到它更好的模样！而这个更好的样子，只有在你和其他人共同努力下才能够实现。那么在实现的路上，就会产生欢心愉悦，随之就会让你拥有成就感和幸福感。

就如同自己写这些教育手记一样。每天抽时间理理思绪，很多时候都在仓促中写完。时间太晚时，还可能不会认真检查错别字，更不会字斟句酌注意语法。但是，我仍旧喜欢写。为什么？因为自己投入这个世界，就可以发现本心，可以发现所要追求的不断完善的世界。而一旦进入这个春暖花开的教育世界，自己就会深陷其中，心安踏实！

平静与波澜

2020年4月14日　星期二

这一周是全校师生到校的第二周。经过一周的适应，大家对忙碌的校园生活又熟悉起来，习以为常了。

周一下午三节课后，我们及时召开了全校教师的线上教学测试分析会，对这次考试成绩进行了分析。然后，各个年级在分管校长的组织下，三天之内再召开年级成绩分析会。教务处准备好流程，奖状和奖品。

每一次考试，及时改卷、及时分析、及时开会表扬、及时宣传。只有做到"及时"，才能保证良好的效果。一些班主任在全校分析会开过后，又召开了本班级的成绩分析。还把获奖或进步学生的照片发到微信群。这样就充分放大了考试的效果。

今天是周二，按照惯例，下午三节课后的时间是社团活动。每个社团的老师都到位进行了辅导。他们纷纷将活动图片发到工作群。篮球社团的指导老师在工作群发了一段文字：今天篮球社团师生共投进 4 个 3 分，我奖励了学生。成就感和师生融洽感，溢于言表。

教学生活一切如常。后勤老师下午去县城购买花卉，作为活动的奖品；还为 1—4 月过生日的老师补订一份生日礼物。上课、教研活动、学生活动等，丰富多彩的校园生活从本周开始，正式拉开了序幕。

看似很平静，其实有很多波澜。有两天全校的电跳闸厉害，请了专业电工彻底检查；食堂正在进行分餐吃饭的反复实践中，在较短的时间里，不断简化程序，让学生有序高效就餐；教师专用食堂正在抓紧改建；初三在晚自习开始进行分层教学辅导等。

这就是学校生活，学校这艘船，还是要稳稳地向前走，向着目标前进。

今天值班，课又多些。晚自习认真看了学生的语文测试卷。一个女生语文考了 10 分，作文 0 分。我仔细地看了她写的作文，她很努力地写完了所有的空格，可是几乎每个字都缺胳膊少腿，不完整；句子也不通顺，不知道她在写什么。这个学生从六年级升到初一就是这样，自己的名字，三个字写错俩。

看着她写的字，我有些痛心。她很努力，却在做着无用功。

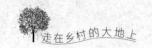

这个学生是特例，她是农村教育中学习方面一个比较特殊的典型。转变一个不会写正确汉字的学生，对初中教育来说，难度相当相当大。

晚上，我莫名其妙地想起了母亲。她又跟着乡亲去外地采茶了。三弟打趣地说："去浙江做采茶女了。"母亲这辈子把心血都耗在了培养子女上，没到过什么外地。三个孩子都培养成了大学生，60多岁的老太太还缺什么？我对弟弟说："世界那么大，她想去看看，就随她去吧！"

可能在每个人生阶段，人的想法都会不同。母亲是这样，学校和学生的发展可能也如此。因地制宜，实事求是。在解决一个个问题中，不断向前走。平静与波澜，未来美好的模样，总是那么让人向往！

交流的力量

2020年4月21日　星期二

晚上，上完晚自习后，我来到办公室，拿出《世界名画·中国名画》随意地看五六页。这本400多页的厚书，每天坚持看几页，竟然快看完了。这样每天坚持一点点，竟然也可以完成一本厚书的阅读。阅读是一种无声的交流，而工作中更多是有声的交流。

白天，上课、听课、处理事务。还单独花一节课时间在两个教师办公室与老师聊天，与一个党员交流了关于评选优秀党员的事情，与一个新任班主任交流了管理班级的方法。利用吃饭的时间，与一个年轻的班主任交流了教育孩子的体会。

交流很重要，当别人向你敞开心扉时，背后是一种信任。有意识地与别人交流，有利于学校的管理。一所学校，学生很重要，老师更重要。学生需要管理，老师也需要管理。到办公室走一走、看一看，与老师拉拉家常、聊聊天。有些问题在不经意间就能得到疏导、解决。

有时候会思考一个问题。假如一个妈妈有几个孩子，很多时候，每个孩子都会认为妈妈最疼自己。孩子多，妈妈却有办法让每个孩子都感受到：自己很重要，妈妈很疼我。可能，学校对教师的管理也是如此。如何让他们认为领导很关心他，他很重要，这需要去琢磨方法。

中午到食堂吃饭，工人们正在打饭，还有两个老师在帮忙。我从他们旁边经过，夸了他们："呀，现在打饭的速度比刚开学的时候快了，真好，值得表扬！"明显地，他们很是高兴。张老师给我打了一碗米饭，我夸他："谢谢张老师，你辛苦了！怪不得你的孩子那么优秀，因为他们有一个优秀的爹！"旁边的教干听了，开心地笑起来。

恰如其分的交流会起到较好的效果。

一个副校长将要上报的整改报告拿给我审核。报告内容图文并茂、条理清晰，还细心地把图片都设置了统一尺寸。我肯定他："这个报告做得非常好，很细致。"然后，我小声告诉他，"你已经具备了当一个校长的素质。"他听完后连连摆手，不好意思地说："哎呀，算了吧，不能这么夸我。"他很辛苦，但是很乐意。

下午上课时，我要求学生到讲台前朗读自己观看名著的阅读体会。没人举手，我点了一个女生。她推辞说："我觉得自己写得不好，不敢上去读。"我开玩笑地鼓励她："不要认为自己很糟糕，你很好。我从来没认为自己长得漂亮。但是，有的人却说我

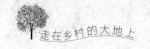

很漂亮。"

一个女生忽然大声说："老师你很怪。"我反问她："怪什么?"接着几个女生一起说："怪好看的。"一个男生凑热闹似的好奇地问："老师,我想看看你卸妆的样子。"语文课代表补充一句："老师今天是素颜好不好,素颜也这么好看。"

我严肃地说："打住!认真修改自己的体会,不然让你看看我凶狠的一面。"孩子们开心地大笑起来,纷纷低头写字。

晚上上晚自习,我感慨地对学生说："每天到班里来,我看见你们就很开心,我喜欢你们!"学生大声地回应我："我们也喜欢你!"做名句默写时,我把设计好的填空纸发给他们默写。我告诉他们:"这个练习是老师自己设计的,正好可以默写前句或者后句。"接着我就听到了学生的回复:"老师你真棒!"心里暖暖的。

发现一个男生写字有了很大进步,我真诚地对他说:"呀,你的字进步太大啦!以前写的字有点像蚯蚓,有时小,有时还忽上忽下。但是,今天的字写大了,而且在一条线上。真好,我喜欢!"这个上课有些蔫巴的男生,忽然精神焕发、满面春风、笑容灿烂。他开心地说:"老师,你太会夸人了!"然后,在陶醉中,他俯下身去,一笔一画地用心写字。

倾诉与倾听,肯定与表扬,这都是交流。当你用心去挖掘师生的优点,肯定、鼓励、表扬,或者什么都不说,就静静地专心听他们说,你会发现有一种无形的变化,原来彼此的心靠得那么近。当你看到美好的模样,于是,所有的一切都在慢慢地向美好的模样靠近!

食堂就餐管理总结

2020 年 4 月 22 日　星期三

开学以来，学校针对学生就餐做出了一系列细致要求。在预想的方案实施过程中，我们针对出现的问题，不断进行改进。下面对这段时期就餐过程出现的一些问题和解决的方法做个总结。

一、就餐桌子问题

由于餐桌有限，原来的就餐方法中，我们把学生分成两批，中间间隔 20 分钟进行就餐。当第一批学生吃完后，第二批学生才开始整理，然后全校学生统一午休。但是这样对整体教学工作产生了很大冲击，师生非常不适应。

于是，我们产生了让学生统一就餐的想法。讨论后，后勤把所有剩余的课桌椅搬到了食堂。最大限度利用食堂空间，尽量让所有学生同时就餐。用课桌代替餐桌，这个方法可以让所有学生像以前一样同时就餐，解决了不能同时就餐的问题。

二、打饭菜问题

学生分餐，一个学生一个餐盒，相比合餐，它增加了工人的工作量。我们高估了几位工人的打菜速度。第一天吃饭时，就出现学生到餐盒却没有准备好的情况。后又不断出现工人请假情况。讨论后，我们决定从教师中抽调几位来帮助打菜。这种借力的方法，解决了打饭菜的问题。现在，他们可以在学生下课前 10 分钟全部准备好餐盒。

三、节省时间问题

学生就餐的顺序是：整队、行走、进入餐厅、洗手、拿餐盒、拿筷子、拿汤碗、就座、刷碗、离开。这个过程的各个环节，经过观察发现有的用时还是可以再节省的。学生排队洗手、

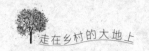

拿碗筷、刷碗，这三个环节可以采取一些措施再节省些时间。

怎样解决这三个问题？首先，对学生进行分流。让一部分班级在教学楼前面的洗手池处洗手，然后直接进入食堂就餐。这样就省去了洗手时间，加快了就餐速度。其次，食堂工人提前将学生的碗筷放好在餐桌上。这样就省去十几秒拿碗筷的时间。最后，每三个学生为一组，每次一个学生负责刷盘子。这样，就避免了洗碗池处的拥挤。更多的学生可以吃完饭后快速离开，去完成教室或清洁区的打扫任务。

除了这些，每个班级配备几个大汤盆放在餐桌上。每班安排学生自己打汤，避免了打汤时的每个人都到汤桶前打汤的拥挤。学生拿到餐盘后，立即就餐。取消以前集体坐下就餐的习惯。他们都节省了一些时间。

解决了以上三个问题后，我们的就餐方式虽然有所改变，却对教学没有什么影响。很多时候，管理者在不能充分预测到问题时，要勇于面对出现的问题，认真分析产生的原因，切合实际地寻找解决问题的方法才行。每所学校的情况不同，解决的方法就不同，照搬硬套是不行的。善于发现问题、细致分析、规避不足，往往事情就会朝好的方向发展。

沟通的重要性

2020 年 4 月 29 日　星期三

我越来越发现沟通的重要性，很多事情都是沟通不到位而导致做不好的。

周一下午，一个教干要到局里报材料。恰巧我们决定下午三节课后开例会。于是，我要求他例会后去报送。我要他与相关负责人联系下，即使下班，材料也可以从门缝底塞进去。像我们这些路途比较远的学校，如果学校有事情耽搁，我们就会用这种方法报材料。这样两不耽误。

第三节课时，我随口问他电话联系没。他告诉我文件上没有负责人的电话号码，没联系。我打开 V 网通，找到负责人的电话号码。打电话过去，说明了情况，负责人同意了。同时，我重点强调：如果您没有找到我们塞进去的材料，麻烦您打我电话，我们再报送一次。报送材料的事情就这样解决了。

这是一件很简单的上报材料的事情。可是从这件简单的事情中你可以发现一个很关键的问题。当没有负责人电话号码时，他为什么不选择询问其他人，而是选择不做呢？困难有时会变成一个囚笼，让人裹足不前。只有敞开自己，多与别人沟通交流，才能打破它。最终才能更好地把问题解决。

周二时，我们阳光食堂的数据少输入了入库单，我直接被局里负责人在电话里很严厉地批评了。我了解了情况，特别是入库单输入情况。老张说问老王要了一次入库单，老王由于忙，没有及时给他，他就不再要了。于是，就出现了数据中缺少入库单的情况。其间老张生病住院后，关于上报项目的相关细节，他并没有告诉老王。

这件事情中，老张没有反复找老王要入库单，而且也没有把自己的工作与老王交代清楚。老王也没有主动去问上报的相关细节。于是在后续的上报中，因为不明确要求，就出现了漏报条目的现象。

解决问题的方法：我让老王直接与局里相关负责人联系，也可以与老张再联系，把自己上报过程中有疑惑的地方进行咨询，同时把这些细节的处理告知接替老张工作的教师，这样就能够避

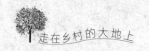

免发生一些错误。

从这件事情就可以发现，事情做不好的原因只有一个：上报相关细节不了解。针对不了解的地方，负责人没有进行询问交流。

上面两件事情没有做好，问题都出在没有主动沟通上。很多时候，我们遇到问题不知道怎么办时，可能会选择不去做。可是，这样并不能解决问题。相反，还可能让事情变得更糟糕。工作中会遇到很多问题，当你不知该如何解决的时候，敞开心扉，真诚地向别人请教很重要。

当我们向别人请教时，往往别人会给予我们真诚的帮助。有时，我遇到问题不知怎么解决，就会至少向三个有经验的管理者请教。然后综合一下他们的意见，解决的方法就出来了。他们很乐意为我出谋划策，我体会到他们内心有一种强大的支撑力量。我觉得自己在管理方面不是孤独的，而是与他们心贴心地一起向前走，同时还收获了珍贵的友谊。

作家列夫·托尔斯泰认为，与人交谈一次，往往比多年闭门劳作更能启发心智。他说得很有道理。遇到困难时，我们要多与别人沟通交流，想办法解决问题，不能故步自封。

相 聚

2020年5月4日　星期一

晚上6点半，我们开车回了趟老家，看望我的父母。为什么晚上6点半才去？因为母亲要工作到6点半才下班。她早已从外面采茶回来了，现在在家的附近打零工干农活——栽山芋。

父亲买了些凉菜，母亲烧了些热菜。我们喝着绿豆稀饭，吃着大饼，围坐在饭桌周围。这次五一假期是一定要回来看看的，因为平时一周只放一天假，没有充足的时间来看望。相聚是什么？一家人可以在一起吃顿团圆饭，就是一种幸福。

我让母亲说说最近几个月家乡的一些变化。母亲想了想告诉我。谁家的孙子才两岁半就病死了，他的外公很心疼他，专门为外孙买了口棺材，在水塘边用挖土机挖了一个很深的坑埋了；某某半身不遂了，躺在他妈妈原来半身不遂住过的车库里，他的儿子 27 岁了，天天在家玩手机，还没有说亲；某某蹲了 5 年牢房放出来了，有时住在她妈妈家里。

母亲轻描淡写讲述的普通生活，在我听来犹如电视剧一般跌宕起伏。有时一些熟人的命运变化，还让我胆战心惊，心痛不已。每一次回来，母亲总结性的"汇报"，都能让我迅速了解到家乡的一些变化。于是，这个我不经常回来的地方，就能在母亲的几句话中迅速完成它改变的轨迹。以至于短短的几分钟，似乎就能弥补我在这片土地上所没有经历过的一切。

说着说着，母亲问我，当领导了工资有没有提高？我笑着告诉她："校长只不过是一个管理职位，与加工资无关。工资没涨，很辛苦，累！"母亲心疼地说："既然不加工资又很累，那就不要干了！"父亲不满地反驳母亲，插了一句："你说的这是什么话？"我向母亲解释："这就好比爬山一样。职位高了，你能看到更多的风景，还会发现更好的东西。"母亲有些没听懂，警告我："不能贪污啊！"我哈哈大笑起来，安慰母亲："更好的东西不是钱。放心，不会去贪污的。"

吃完饭，我们准备离开。照例，母亲把我们送下楼，照例把我买给她的水果提下来，照例我又坚决地退给她。先生开车，我坐在后座。摇下窗户，凉风习习。在这个春天的日子里，却感受

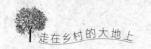
到了夏的热情，晚上的温度才刚刚好。我从自己的原点开始，离开了父母，又出发了。

车窗外，小区只有少部分灯光在亮。在朦胧的月光中，远处是大片大片的田野，路边的树木快速地往后跑。一切都在变化着，变化中似乎弥漫着一股沧桑的味道，它包含着时间的流逝、人在旅途的颠沛。

在我的家乡，这片乡村的大地上，我看到了自己最原始的渴望。我是谁，我要去哪里，我想干什么？一切都在变化，不变的是要活出自己希望的模样……

由一篇论文所想到的

2020 年 5 月 7 日　星期四

今天读了学习群里来自《中国教育学刊》的一篇文章《论回归立德树人的课堂教学建构》。班主任韩博士希望我们在群里进行在线交流，所以特地多看了几遍。

有时，我不知道该如何看待这些核心期刊的文章。它们的作者大部分都是教授、博士等级别的，在理论方面很是渊博。而我只是一个基层的教育工作者，我缺少大量相关理论的基础。理论与实践之间往往有一道看不见的隔阂，可能彼此都会雾里看花。研究相关话题的人可能没有充足的实践，而有充足实践的人却没有大量的理论作为支撑。

可是，我不想去盲目地赞美或信奉某一篇文章的观点。最好用自己的实践去打量理论的应用，如果不可行，再好的理论也只能束之高阁。

立德树人，就是培养有品德的人才。立德就是坚持德育为先，通过教育来引导人、感化人、激励人；树人，就是坚持以人为本，通过合适的教育来塑造人、改变人、发展人。以树人为核心，以立德为根本，培养社会主义建设者和接班人，才能真正成为教育大国。从这一点来看，立德树人的方向非常正确。

其实，在课堂教学中处处都有立德树人的影子。不光体现在课堂上，在学校的各种活动、文化建设、环境建设等方面都有。德育建设是每个学校的重点，其实学校的每一项工作都没有把德育抛在一边。

这篇文章，重点阐明了课堂教学中要突出立德树人的目标，而去淡化其他方面的目标。也就是淡化知识与技能目标、过程与方法目标，强调了情感态度价值观。作为一节课的三维目标，如果排序，情感态度价值观往往排在第三，而现在可能要排到第一位。

可是，在几十分钟的一节课中，这些目标往往无法去分割开来。它们紧密相连，可能也无法分清谁轻谁重。比如，语文课上，教生字词，其实就是在感受中国的文化；美术课上欣赏风景，其实也是激发学生热爱祖国大好河山的感情。情感态度价值观往往建立在知识与技能目标的基础上，而没有过程与方法的实施，它们也无法进行。

如果，三者之间是相互依存、紧密相连的，是否还有必要去争个上下？课堂里是否还要单独去凸显立德树人的目标位置呢？

忽然想起自己在镇上念初二时的事情。当时的物理老师是个民办老师。他上课几乎是照本宣科，不过他现学现卖足可教我们了。可是，课堂就像体育课一样乱糟糟的，大部分学生根本不听讲。物理老师用充足的耐心包容我们，在勉强维持秩序的情况下坚持把课上完。

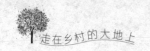

作为学生，老师的课堂所吸引我的只是充满奥秘的物理知识。这门课让我觉得很新奇，所以不管别人如何捣蛋，我都认真去听老师的讲解。物理老师和颜悦色地连贯地讲解，丝毫不受不听课学生的影响。而数学老师则不同，他脾气有些火暴。往往一节课有半节课，他都在与扰乱课堂纪律的学生做斗争。这对我们想听课的学生来说，学习效率就受到了影响。

从这不同的两节课，我们可以发现，数学老师非常重视思想教育，而物理老师则偏重知识教学。可是，作为学生，我更喜欢物理老师。因为他带来物理知识，这是我真正需要的。如果就现在的眼光，物理老师可能就更注重知识与技能目标，而不太重视情感态度价值观的培养了。数学老师注重了情感态度价值观的培养，可是，课堂却显得支离破碎，学生可能也会失去一些学习数学的兴趣。

在当时这个课堂纪律乱糟糟的班级里，有好几个同学都考取了高中，其中还有一个后来考上了南京大学。而那些不想学习的同学，现在个个过得也比较好。

有时，我会反思。我们老师挖空心思地去设计课堂，总是想给学生最好的，可能会认为学生会依循我们设计好的去做。生怕因为自己思虑不周，学生就会因此"遭殃"。也就是说，我们想把最好的东西给学生，从而让学生按照我们设想的最完美的状态去发展。

可是，这些想法可能仅仅是我们的"一厢情愿"，起关键作用的应该是学生。立德树人的目标是正确的，但是在课堂上一味显现这个目标，学生难道就会喜欢接受吗？当人文性、政治性超过一切时，每个科目自身的特点是否就会削弱，是否也会减弱学生对学科的兴趣？

课堂本身就是鲜活的，如果说意识到了某些问题，那么该如何解决问题？作为一线教师，如何设计课堂、如何设计作业练习

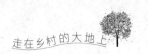

等来规避这些问题呢？这些迫切想知道的问题是我们需要专家来指导的。

有时，核心期刊的很多文章，确实分析得很有道理，但是在实际中却难以操作。因为改变不光是教师的事情，还有制度、区域等方方面面的共同配合。那么对于这些前沿的理论，一线工作者看时可能会心潮澎湃，有时看完后也可能就像没看过一样。

也许，很多问题我们都意识到了。但是，困扰我们的，可能是不知道该如何去做。

学案，课堂的抓手

2020年5月10日　星期天

开学到现在听了十几节课，我发现了课堂上很多共性的问题。

这十几节课有很多优点，如教师态度很认真，讲解细致，有的教师还印了当堂检测的练习题。但是，相比教师的忙碌，学生却呈现出比较轻松的状态。具体表现在以下三方面：第一，学生听得多，讲得少，做题少。第二，学生课堂上做题参差不齐，有的做错了，有的没做。第三，很多作业都是留在课后或晚自习完成。

当教师把PPT关掉，离开教室时，这节课对学生来说好似懂了，但也像什么也没留下。教师进行了细致讲解，但对学生的掌握情况却并不了解。课堂上要求学生做的一些题目，哪些学生没做，哪些学生做错了，很多时候都不知道。因为在课堂上，做题

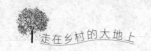

情况是没有充足的时间进行反馈的。只能对板演学生的情况做适当点评，其他学生情况兼顾不到。

往往一节课后，教师给学生留下的有形的东西很少。很多学生的书上和练习本上，都没有留下过多的痕迹。课堂上，往往学生听听、说说就行了。即使做题，很少有在本子上认真写出完整过程的，有的写错或不写的，就算了，不订正。教师也不会查学生当堂随写的情况。这样，学生课堂上学习的效率就会下降。而具体的反馈只能等到晚自习，抑或几天后交作业才能够了解。

纵观十几节课，都存在一个共性：课堂上使用了多媒体PPT，课堂容量比较大。但是，我们忽略了一些细节问题。比如，字太小，后排学生看不清楚；教师展示太快，反应快的学生回答后，就迅速换了下一题；多媒体关掉后，讲过的内容印象不深刻等。

多媒体的应用似乎没有达到我们预期的效果。特别是当从网上找到一些优质资料却不能复制时，有的教师直接上网打开资料，让学生看。可是，因为没有自己的重新排版，除了字太小外，还会时不时跳出一些广告或不良信息，严重影响了教学效果。

呈现上面这些状态的课堂就比较"浮"，教师不了解学生学得怎样，学生在没有细致监督的情况下显得很随意。改变这种情况，必须有一个抓手。这个抓手要能够切实让教师了解学生上课情况，让学生认真完成课堂要求的活动。

如何让一节课给学生留下很多抓手，如何让教师在课堂上了解学生实际掌握的情况？如何让学生在课堂上不放松对自己的要求？思虑很长时间，我发现了一种方法——学案。

教师上课一般都会有教案，把一节课的设计写出来。教案是针对教师层面的，学案是针对学生层面的。PPT中重点知识点和练习都可以放在学案里。当教师展示PPT中重点内容时，学生都可以在学案中找到。特别是做练习时，学生可以在学案上做，而不必担心看不清 PPT 上面的字。

这些还不够，学案中一定要设计相应的课堂测试题。在课堂最后几分钟时间里进行当堂检测。时间允许的情况，可以当堂批改。这个环节很重要。在这十几节课中，虽然有的教师印了题目，可是都没有让学生当堂做题，而是留在课后完成。学生真的可以在课后保质保量地完成吗？可想而知，会大打折扣。

下课时，教师要将当堂做的学案收上来，进行批改。这样，学生在课堂上随堂做题的情况，教师便可以通过当堂做的学案一目了然了。更重要的是，只要学案下课就上交给教师，学生上课一般是不敢马虎的，自然就提高了听课效率。

当学案批改后，返还给学生时，它就成了学生复习知识的一个有效的载体。教师的 PPT 不会随时打开给学生看，而 PPT 中的精华部分已经转化为了纸质稿，学生可以随时翻阅。

在这个过程中，教师的工作量加大了。教师要设计学案、批改学案。学案中要涉及预习、重点知识和随堂练习（与 PPT 中呈现的相一致）、当堂检测等。

学案就相当于师生课堂的一个有利的抓手。它让教师了解学生当堂学习情况，让学生呈现自己课堂反馈痕迹。对学生而言，它也成了课后复习的有力抓手。师生之间对于课堂效果的反馈，不再是雾里看花，而会变得真真切切。

关于课堂模式，其实有很多。有些还有很多相似之处，似乎只换了个名词。它们有时让我觉得无所适从，都很有道理。但是，实践可能是最好的老师，适合的就是最好的。照搬是不行的。我们要大胆地利用学案去尝试教学，在这个过程中思考、实践、反思、再实践……

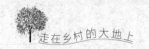

参加省课程基地建设项目答辩

2020 年 5 月 12 日　星期二

———————————————————————————————

下午 1 点，我们一行三人来到市教育局三楼会议室，即将进行江苏省课程基地建设项目答辩。下午是初中的专场，有 19 个项目进行现场答辩。从中要挑选优秀的 3 家上报到省里，最终确定为省课程基地。

能参加这次答辩很不容易，上次市预赛时 14 个项目选 6 个项目。我校已经被批准为市级基地，这次要竞争省级课程基地。我们抽了二号签，非常靠前。7 分钟汇报 PPT，3 分钟答辩。

我们申报的项目名称是"薄弱初中综合实践活动课程项目化建构与实施"。汇报从 4 个方面进行阐述，分别是单位基本情况和立项优势、项目建设目标与内容、项目创意、效能分析及预期成果、项目保障社会支持及时序进度。

自从 2013 年参加省综合实践活动课程青年教师基本功比赛后，我就对综合实践活动课程产生了浓厚的兴趣，7 年来从未丢过，两个市级课题都是关于综合实践方面的。

在正常的学校活动中，综合实践活动往往体现在社团、班会课等活动中。但是，这些活动比较零碎，有时还具有一定的随意性。只要指导老师变了，内容往往会重新做一遍，缺少一定的系统性和传承性。很多学校的综合实践活动课程的实施现状，呈现零实施、窄化实施、低效等现象。有没有一种方法，能够解决这些问题呢？

项目化学习是一种探究式学习模式，它是一套系统的教学方法。它是对复杂、真实问题的探究过程，也是精心设计项目作品、规划和实施项目任务的过程，目前在世界范围内广泛流行。

　　那么，我们也可以根据实际情况，选择项目主题，根据学生特点，制订项目计划；实施分层教学，落实活动项目；让各学科相融合，提高教学实效；让项目评价贯穿始终，达到预期目标。

　　我们充分利用校内外资源，对综合实践活动课程进行项目开发。这是对社团活动以及研学等活动的深入开展，克服知识与思维实践的割裂状况，整合课程领域、主题教学和乡土资源，满足不同学习风格和技能水平的学生的学习需求等优点。

　　项目化学习与综合实践活动课程理念是高度一致的，它提升了综合实践活动课程的实效性。我们从校内外资源中确立了 8 个项目：钻石绣之旅、蚕桑学校、桃园四季、感恩的鸡、快乐菜园、职业体验、洪泽湖湿地之行、体育艺术节我做主。

　　我们要对这 8 个项目进行开发，形成自己的校本课程，培养学生综合素养，培养一批综合实践活动老师。这样就会把一些零碎的小活动，转变成系统的深入研究。

　　这个项目的方案，都是自己去思考、去修改的。对于从来没进行过类似的申报而言，写方案是相当有难度的。这个过程其实很痛苦，在想法与文字表达的转化间，发现了自己表达的苍白。

　　给你一个项目名称，只知道要写的几方面框架。而每一方面要从哪几个角度来写，每个角度要查找哪些资料，在写时要遵循哪些逻辑顺序等都是要面对的问题。这是一个庞大的创造过程，很多时候，一坐半天去查资料思考，但是下笔却寥寥几句话。特别是在修改的时候，看着很多语句不合适，却不知道该怎么改。如何用文字比较精确地表达自己的思考？在这份自省中，可以看到自己很多问题。

　　想是一回事，用文字比较精确地写出来又是一回事。文字可能就是自己想法的一种物化形式，转化是一项需要用心去琢磨的技能。没有勤读、勤琢磨、勤写，可能就不能更好地进行转化。

　　因为汇报靠前，我汇报完后，另两位同事先回校了。我坚持

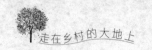

留下来，把 19 个项目汇报听完。因为我有一个小心思：当汇报全部结束，我要用 U 盘把他们的课件全部拷贝下来。回去后，抽时间慢慢琢磨。这些是难得的学习资料！

每一个汇报，都向我们展示了课程的建构，都包含着对课程的深入思考和追求。课程是学校进行教育的主要载体，如此真切地去接触它，静静地去听、去想，它会慢慢向你靠近。即使没被选中，但这种学习机会太难得。只要你有心，有准备，机会到了会抓住的。

自律的力量

2020 年 5 月 14 日　星期四

上午去乡里开会，下着大雨。我故意没有开车，撑着伞漫步在雨里。我戴上耳机，在来去的路上，用 20 多分钟听了一本书的介绍。这本书是村上春树的《当我谈跑步时我谈些什么》。

对于村上春树，我只知道他是日本一位著名作家。他的读者粉丝包括我的孩子，他们很是爱看他的作品。出于好奇，我也看了一本。对于他构想的故事情节和写作风格却不喜欢，犹如一股忧郁的风吹过，却没留下什么痕迹一般。

可是，这本书跟他的小说风格不同。在书中，他像和朋友聊天一样，把自己写作、跑步的经历娓娓道来。这其中有痛苦和喜悦、有彷徨和决心、有失败和信念。它颠覆了我对村上春树的最初印象。

村上春树大学毕业后第一份职业是一个酒吧的老板。在一个春日的下午，他躺在棒球场地的草地上，一记清脆的击球，惊醒了他沉睡多年的写作之梦，于是就有了《且听风吟》。1987年第五部长篇小说《挪威的森林》在日本畅销1000万册，在国内吸引了大量的粉丝，甚至引起"村上现象"。

他在29岁时才开始写作，当他下决心写作后，就立刻去做。到现在坚持了30多年。有人说，出名要趁早。可是，29岁，已经不早了。这些来自他的一个写作之梦。而且，他只是一想，就立刻去做了，并不再放弃。后来为了专心写作，还放弃了酒吧工作。

这可能就应了一句话：只要努力，永远都不晚。村上春树每天至少写作三四小时，至少写4000字。忽然，我想起一个可以称为书法家的朋友。每次看到他的毛笔作品，我都会想起8个字"满纸江湖，烟波无尽"。

有一次忽然发现他发在朋友圈的一句话：今天要写6小时的字。这句话深深震撼了我，我终于明白他字写得好的原因了。没有刻苦的练习是无法将一项技能练好的。相比没有时间作为刻苦练习的保证，把技能练好也是一种空谈。

反观自己，又花了多少时间在自己想做的事情上呢？假如想写论文，那么，我们花了多少时间在围绕某一主题的阅读大量书籍上？花了多少时间在揣摩学习期刊论文上？花了多少时间去做笔记？又花了多少时间去及时记录下自己的想法？

即使有目标的指引，没有一定时间作为学习保障，可能永远写不出好论文来。一个朋友对我说，每当躺在床上歇一会儿时，就会玩手机。一刷屏，不知不觉一两小时就过去了。可是，若用一小时看书，可以看好几十页。用一小时写作，也可以在电脑上敲出一篇千字小文。

如果村上春树没有这个每天写作4000字以上的自律习惯，可能也不会写出很多作品来。我那个朋友，如果不是每天即使喝

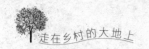

醉酒也要花一定时间练字的自律习惯，可能也不会有那"满纸江湖，烟波无尽"的境界。这是否就和初中课本里的《卖油翁》中的"唯手熟耳"有些联系。对于一个人，每天花一定时间，做刻苦的练习，需要自律。

可是，村上春树还不止这些。在他的人生里，写作是职业，跑步是深爱。他喜欢跑步的一个原因是减肥、锻炼身体。可是，演变到最后，却非常喜爱马拉松跑步。1982 年秋，时年 33 岁的村上春树在开始职业作家生涯之际，就开始练习长跑。为此，他每天凌晨 4 点起床，写作 4 小时，跑步 10 公里。30 多年来，他坚持多次参加各地的马拉松大赛。

他说，在跑步的时候什么都不想，慢慢变成了一种享受，并迷恋上了它。进而变成了一种习惯，增强了体质，还促进了写作。确实如此，在大口呼吸之间，可能只能听到自己内心深处的声音了。

当写作和跑步变成一种习惯，这种自律就发挥了强大的力量。他让村上春树变成了更好的自己。正如同书中的语句：

1. 无论何等微不足道的举动，只要日日坚持，从中总会产生出类似观念的东西来。

2. 我超越了昨天的自己，哪怕只是那么一丁点儿，才更为重要。在长跑中，如果说有什么必须战胜的对手，那就是过去的自己。

3. 一天跑一个小时，来确保只属于自己的沉默的时间，对我的精神健康来说，成了具有重要意义的功课。在跑步时不需要和任何人交谈，不必听任何人说话，只需眺望周围的风景，凝视自己便可。这是任何东西都无法替代的宝贵时刻。

其实，不管写作，还是跑步，都只是一种生活方式。村上春

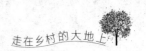

树找到了自己喜欢的生活方式。而从中，我们可以发现自律的力量。如果不自律，他不会实现自己曾经的梦想；如果不自律，他不会慢慢从跑步中战胜自己坚定信念；如果不自律，他可能也仅仅是一个有些失落的酒吧老板。

出生于1949年的村上春树，今年已经70多岁了。人生也就短短几十年，如果有梦，就自律地勇敢去追吧！虽然过程可能会充满矛盾和痛苦，但是之后的欢愉会让自己无怨无悔。

书　房

2020年5月19日　星期二

偶尔看到一个关于晒晒自己书房的征文通知，我心里很是感慨，泛起好多往事。我没有书房，似乎也从没动过想要一间书房的念头。

小时候，一家五口住在三间瓦房里。书桌就是吃饭的小方桌。每天晚上，在一盏油灯的照耀下，我和两个弟弟各趴一面做作业。父亲坐在另一面补麻袋，而母亲则选择一个拐角，做针线活。

我们一边做作业，一边听父亲炫耀他念书时候的光荣史。其实因为穷，他只念到了初一。可是，他对自己聪明的肯定，对读书的向往和遗憾，让我们感受到要珍惜读书的机会，机会一旦错过就没有了。母亲不识字，但却能看出我们的字写得好不好看，时常叮嘱我们要认真写。

我们没有书房，没有专门的书桌，也没有什么书可看。当时

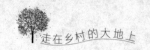

乡里还没有卖书的书店。所以，家里除了课本外，也没有什么其他书籍。偶尔会有几本从别的小朋友那儿借的连环画。那种小人书，我们看了一遍又一遍，似乎可以刻到脑子里去。

慢慢长大了，作为家里唯一的女孩子，母亲把东面一间屋子单独给我住。父亲找了一个长条桌，靠在他亲手做的泥隔断边，这就是我的书桌了。于是，我享受了家里唯一一个拥有自己书桌的待遇。而两个弟弟仍旧趴在吃饭的桌子上写字。暑假时，在没有什么农活时，我们姐弟三个常常围坐在吃饭的方桌旁写字，偶尔也画画。二弟拿一件衣服挂在门上，我们照着画，看谁画得像。这种比赛给我们带来很多乐趣。

进入初中，我们三个越来越感觉到书本知识的局限性，小人书已经满足不了我们了，我们开始借书。两个途径，一个找老师借，一个找邻居姨父借。我很是羡慕姨父，身为老师的他有两个书柜，里面满满都是书。书柜的旁边，放着一个宽宽的整洁的大书桌。我站在书柜前挑选书时，往往都会幻想着能够在书桌旁坐一会。但是，脸皮薄，从没实现。

于是，借书、看书、做笔记、还书。往往刚借一本，弟弟就要先看，我是不会同意的。有时弟弟因此对我很是不满。一次，二弟似乎用一种绝望的语气责备我，因为他认为姐姐借的书应该先给弟弟看。我冷静地听着他咬牙切齿地发火，就像没听见一样，仍旧看着借来的书，不为所动。

借来的书籍，我们都是如获珍宝。《红楼梦》《三言二拍》等等，让我们打开了眼界，丰富了我们的假期时光。随后我在外求学、毕业工作，日子没有虚度，时间却义无反顾地溜走。在县城买房子时，选了有三个卧室的：一间我们的，一间孩子的，一间公婆的。我特意给孩子买了书桌，而且它与床、衣柜等都是配套的，粉色和白色相间，很是好看。孩子的卧室，其实就是她的书房。

看到她书柜上摆满了书籍，我很是欣慰。仿佛自己从小没有享受的待遇，在她的身上得到了补偿一般。北卧有张床和一个衣柜，专门为公公婆婆每年来住一段时间准备的。正常情况下，他们是很少很少来住的，但是还是要准备着。

往往我在餐厅的桌子上面看书写字，孩子在自己的屋内学习。可是，时间久了，我发现餐桌上写字光线不太好，需要一个台灯。不知从什么时候开始，我忽然产生了想买一个书桌的念头。先生没同意，他认为没地方放。我建议放在北面的卧室，买个有拐角的，一面写字，一面放书，两相结合，兼具书桌和书柜的特点。

我找来皮尺，量了尺寸，从网上订购了一个。很快，我在北卧利用一个拐角，拥有了一个书桌柜，又配了一个台灯。我拥有了平生第一个真正属于自己的书桌和书柜。在公公婆婆没来住的日子里，北卧就成了我的书房。当然，他们若来，我就不能在里面学习了。

这是一件很简单的事情，但是，对我的触动却是相当大。坐在自己的书桌旁，窗户上贴着自己的目标，右侧摆放着一格一格的书籍。这些书籍很多都是自己为了实现目标而买的。还摆放着一排记满笔记的各种漂亮本子。它们的存在，只要你看一眼，就足以让你激情澎湃。

在卧室的一隅，承载着自己的梦想。这个区域，属于自己。一天天，一点点的努力，都在一步步地向前走。这是一个让心能够安下来的地方。应该早点想到给自己买个书柜，而不是仅仅想着孩子。而这种美妙，自己到中年才体会到。

我忽然明白：每个人都应该拥有自己的书桌、书柜，甚至是书房。每天入眼的那么多的书籍，会让自己感受到自己的渺小，会让自己对生活敬畏，会让自己鼓足勇气去生活，会让自己去探索心目中的理想世界。它就是一个精神家园，一个安放自己

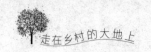

灵魂的地方。一个暂时把工作、家庭抛在一边，单独面对自己的地方。

我很是羡慕现在的孩子能够拥有自己的书房，也为自己从没想过为自己设置一个而惭愧。小孩也好，大人也罢，其实都需要。注重书籍的力量，与年龄无关。在生活中，总要腾出一些地方，为孩子，为自己开辟一个专门为自己读书的地方。即使再小，也是满心欢喜，因为心儿离书籍很近很近……

可是，书房仅仅是现实世界看得见的吗？不是。不识字的母亲、只有初一文化的父亲，把自己的三个孩子都培养成了大学生。我们家成了村里唯一一家三个孩子都考上大学的。我们没有书房，父母重视读书的精神，却给我们打造了一个看不见的书房。

这个看不见的书房，没有书桌，没有书柜，甚至没有现成的书籍，但是却给了我们无穷的力量。它形成了宝贵的家风，让我们重视读书。以至于在不惑之年的自己，仍旧孜孜不倦地去不断学习。这就是读书的力量，牵引着我们不断向前走！

关于坐姿的问题

2020 年 5 月 21 日　星期四

上午第三节课，我对各个班级进行了巡视。压低自己脚步的声音，我慢慢地从每一个教室门口经过，敏感地去捕捉来自教室里散发出来的每一个信息。

一圈走下来，听到三个老师反复说了一句大致相同的话：

"坐好了，腰挺起来！"透过玻璃，我发现有的学生趴在了桌上，有的用手撑着头，还有个别跷着二郎腿。这些不正确的坐姿，对学生的脊椎不好，而且也影响上课。

每天中午的15分钟练字时间，政教处要求每个学生把书本顶在头上练字，本周六还要进行评比。但是除了这15分钟的刻意练习外，平日课堂坐姿还是不太理想。课堂上老师的提醒也只是管一会儿。

如果课堂上出现一个普遍性的问题，老师在课堂上无法较好地解决它，那么就需要学校层面来统一解决。也就是说，需要借助课堂外的力量来共同解决这个问题。

巡视过后，我召集了政教几位负责人，让他们想办法去解决这个问题。虽然我们的生源差，很多优生都到县城念了，但是我们的管理水平不能随之降低。每个学校、每个阶段出现的问题都是不同的。问题是不断的，面对新的问题，要想办法解决。

讨论后，我们制定了如下方法：

第一，设计表格，把学生按座次顺序，名字写在表格中，贴在窗户玻璃上。

第二，值班教干每天检查或其他科室抽查时，直接看表就能记录下坐姿不正确的学生姓名。

第三，记录的结果及时公布在公示的小黑板上，要扣被点名的学生相应班级分数。

第四，评选一批班级坐姿模范，大力表扬，起到带头作用。

下午，政教处就及时召开了班主任会议，绘制了表格，班主任进行了填写。从明天开始，我就在教室外面对坐姿进行督察，期待着能有比较好的效果。

上午，政教主任还告诉我，他私下悄悄了解了一些学生的思想状况。有一部分学生已经产生了辍学心理，不想念书了，现在正在摇摆期。

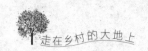

　　这个学期，由于防疫，学校减少学生住校数。上学期有一部分住校的学生，本学期不住了。按理说，不住校的学生每晚回家睡觉，效果会更好些。但是，我们却发现了新的问题。以我带的班级为例，上课打盹的都是走读生。一了解，都源自家庭的监督不力。其中一部分，父母都是外出打工的，爷爷奶奶的话不听，更是自由了。

　　没有家庭的监管，学生回家住是不如在学校住宿的。正常的学校作息时间，加上严格的管理，可以保证学生有比较充足的睡眠时间。况且这个学期上 6 天课，即使周日回家没有什么监督，影响不是太大。6+1 的教育效果比起 5+2 来要好些。

　　每天的巡视很重要，走一走、看一看、听一听，所有的问题都会暴露出来。可是，只是针对问题解决问题，还只是表面。在学校工作中目标教育、理想教育是相当重要的。一个学生拥有理想和目标，就会严格要求自己。而加强阅读也很重要，一个学生如果可以静下心来看书，不断扩充自己的阅读量，那么他就不会去调皮捣蛋了。目标教育、理想教育、扩大阅读量，抓好这三点才能从源头上减少问题的出现，才能真正抓住学生管理的根本。

尝试的制度初见成效

2020 年 5 月 22 日　　星期五

　　今天做了两件大事。

　　第一件事是召开了家长委员会第二次会议。各位家长代表各抒己见，说了很多支持学校工作的建议。我们围坐在会议桌旁，面对面地进行交流，是那么亲切。其实，敞开心扉后，学校与家长的距离很近，最后都是围着孩子转，都是为了孩子更好地成长。家长委员会现在初见成效了，家长的支持对我们工作有很大帮助。

第二件事是召开了教师期中总结会议。教务处把上学期期末成绩和这学期期中考试成绩都进行了分析。上学期的期末考试成绩，出于特殊原因耽误了，这次分析要补上去。而开学时的线上教学测试成绩是不稳定的。

对于成绩评比，我们采取了一些方法。由于学校班级数少，评比不好操作。我们联合了 11 所农村学校，一共 12 所学校。然后根据排名进行奖励，有学科奖、集体奖。初一和初二的评比制度一样，初三则有所区别。

这个方法是我借鉴乡里工作的方法。乡里的工作非常明晰，都有目标考核。作为初中，初三固然重要，但初一、初二也不容忽视。没有初一、初二老师的努力，初三的老师想抓好也是不容易的。

去年县里奖励了我们一笔教学奖，正好用在这次奖励上。教务主任宣读获奖学科、老师、奖金时，我听到有的老师惊喜地说好。而这些受表彰的老师将会在明天下午的全校期中表彰上，戴着大红花上台领取奖状和奖金。

这次初一考试在 12 所学校排名第三，特别是地理学科获第一名，平均分比县城有的学校还高。它们都离不开老师辛苦的付出。我在分析时，建议大家把掌声送给三位地理老师。当掌声响起时，我感受到一股向上的力量在会议室里回旋。

三个年级都有自己的目标，这是我第三年做校长的一个大胆尝试。除了考试目标奖励制度外，还在每个办公室张贴老师的合影和各自的目标。我越来越感受到，老师和学生一样都是需要引领的。而目标教育、理想教育，同样也适合老师。

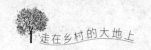
　　只要有合适的竞争机制和奋斗目标，并且严格按照制度执行，就比眉毛胡子一把抓效果好。老师需要什么？其实并不是说需要多少奖金，他们需要一种认可。而这种认可，是通过一系列竞争机制得以体现的。

　　一个好的竞争机制和恰当的目标，有时候可以起到四两拨千斤的作用，往往还会起到扭转局面的效果。只要老师的积极性调动起来，不用愁他们不去在课堂上下功夫。

　　晚上 8 点多，我信步巡视了所有班级，仔细观察了每个教室的师生状态。所有老师都在认真辅导学生，这是我所期待的美好的样子。

　　一个学校由老师和学生组成，师生都是管理的对象。想促进师生更好地发展，就要切合实际制定竞争制度。事实证明，采用乡政府的目标管理方法是很有效的。

　　工作也许就是这样，当你的设想被验证是比较成功时，会有一种成就感。而这种尝试的成就感，可能会让你产生一种气吞山河的豪迈，它也会转化成一种发自内心的热爱。它甚至还会让你着迷一样地，再去不断探索可能还有的更好的方法。

好好读书

2020 年 5 月 27 日　星期三

　　昨天中午，一个初一家长打了 30 多分钟的电话给我。表达的意思是：自己的孩子成绩不好，下午放学回家就行了，不需要交延时费用，浪费钱。买件衣服穿在身上还能看见！

其实，作为农村学校，绝大部分六年级学生都去县城念了，留在农村念初一的学生大部分基础弱些。而对于初一的学生，想一下子把他们的水平提高很多是很困难的。每天下午三节课后都会有社团活动，有书法社团、羽毛球社团、园艺社团等。学生参加各种社团活动，丰富了校园生活。

如果一个学生下午放学就回家，很可能直接就面临着没人细致监管的情况。初一有一个男生，每晚上完晚自习就回家住，奶奶负责看管他。可是，奶奶同时要照看5个孩子，而这些孩子的父母都外出打工了。

打电话的爸爸在外地打工，妈妈在家照看三个孩子。很少的费用并不是问题，问题是这个爸爸对孩子现状已经彻底失望。我给他举了很多事例，只是表达一个意思：孩子要坚持读书，要慢慢来。

今天下午近1点，这位爸爸又打电话给我，他同意孩子在校参加社团并上晚自习了。我很诚恳地告诉他："可能孩子考不上高中、大学，但是初中三年可以读很多书，可以形成正确的人生观、价值观。这很重要！以至于他在以后的日子里，都会踏实努力地做事，你不用过于操心。培养一个孩子，就是培养一个家庭！"

我强烈地感受到，家长很需要这样的交流开导。家长要看得更远些，要全力支持孩子读书。

比如，我教的班里的一个女生，语文几乎都考零分，因为她不会写字。她会把试卷写满，但你不知道她在写什么，每一个字都不完整。少部分家长似乎已经对孩子不抱希望了。可是，念书的最终目的并不是考上大学。最终学校的教育，是为人的终身发展打下一个良好的基础。

这两天，网上报道了香港赌王何鸿燊逝世的消息。但是也报道了他教育孩子的成功经验，其中一条就是好好读书。他的很多

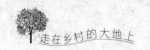

子女都相当优秀，勤奋努力。好好读书，这 4 个字真好。一个家庭再有钱，可能也会坐吃山空。但是拥有了知识和能力，却能在社会上站稳脚跟。

望子成龙是每个家长的愿望，可是，孩子与我们的想象是有差别的。就像这个爸爸一样，孩子的表现让他失望，以至于产生不想在学习方面为他再花钱的念头。

上午去乡里开会，一个大队书记很不好意思地告诉我，他去动员了村里一个初一流生。可是这个孩子死活不念，家里人也没有办法，孩子说他成绩不好。我告诉他，这个孩子在小学时成绩就弱些，但到初中，只要努力是可以慢慢提上来的。可是，年后网上授课时，他有手机，却连一节课都不上，在家玩了一个多月。

究竟是什么限制了农村孩子的发展？原因有很多。归根结底，内在的原因在于孩子。有的孩子对学习已经失去了兴趣，对自己读书失去了信心。而这些又是多方面造成的。

好好读书，努力学习。不管到什么时期，唯有不断学习，才可能改变自己的命运。要看得更远些，不要被暂时的困难打倒，坚持终究会有收获的。

从小蚊子看管理的学问

2020 年 5 月 29 日　星期五

今天，有班主任在班主任群里反映：很多同学跟我说，宿舍蚊子太多了。有蚊帐也有好多蚊子咬，夜里睡不好，有没有好的解决办法？不知道其他班有没有这种情况？接着又有一个班主任跟帖：我们班也有，孩子们说蚊子逮不了。

夏天来了，蚊子自然就多了。我们要求住校生每个人都买蚊帐。在反复动员下，所有学生都挂上了蚊帐。班主任反映的问题，我早料到了。所以在周二值班时，我单独到男生宿舍找学生，了解蚊帐使用情况。

当时，快熄灯了，还有很多学生蚊帐没有放下来。有的学生蚊帐放下来了，蚊帐与床接口处却有很多缝隙。还有一个学生的蚊帐因为在上铺，蚊帐上面 4 个角的绳子系得太短，下面蚊帐整个悬空了。

一个男生很仔细地把蚊帐边儿压到席子底下，我问他："你把蚊帐里的蚊子撵走了吗？"他爽快地回答："没撵。"我反问："你不怕蚊子咬你吗？"他调皮地说："没事，我养得起它！"一室的男生都被逗笑了。

上面情况暴露出一些问题：不会挂蚊帐，不会压蚊帐，不会撵蚊子，或者压根就不撵蚊子。于是就出现了班主任说的情况。我们注意到学生要购买蚊帐，却忽略了指导学生如何去使用蚊帐。实际上，很多学生都是住在小区楼房里，很多家庭都不使用蚊帐，自然对蚊帐的使用不熟悉。

解决蚊帐问题，只是表层的管理。更进一步深层的管理是指导学生使用蚊帐。班主任要到宿舍去，及时查看每个住校生的蚊帐使用情况。说清要在熄灯前撵蚊子，要将蚊帐压好，保证四面接触席子的地方不留空隙。另外，蚊帐门有时会散开，要随时用夹子夹紧，不然蚊子也会从中钻入。

除了班主任实地检查指导外，政教处还要利用跑操、吃饭时间进行正确使用蚊帐的宣传。这样就会加深印象，引起重视。恰当的时机还可以举行使用蚊帐比赛，看谁的蚊帐压得最好。

但是，即使再细心地使用蚊帐，可能都难免会有些缝隙，蚊

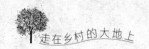

子会进入。为解决这个问题，还可以让宿舍管理员定期用杀虫剂进行灭蚊。抑或买有盖子的蚊香盒，放在宿舍空阔的地方，每晚管理员点一盘蚊香。这样内外兼治，效果就会更好。

这是班主任管理中出现的一个细小的问题。一个小小的蚊子管理中却可以发现很多管理通用的方法。

第一，要充分地了解情况。

学生反映问题只是一方面，有时具有一定的片面性。它往往与实际情况有些出入。没有调查，就没有发言权。班主任要深入实际，与学生交流，多多观察。只有掌握大量实际情况，才有可能分析出问题产生的原因。

第二，根据实际原因，从根本上找出解决的方法。

案例中，买蚊帐是为了解决夏天蚊子多的问题。但是我们却没有想过学生是否会使用蚊帐这个问题。买了蚊帐并没有解决问题，正确使用蚊帐才是解决问题的关键。所以，一个问题的后面可能还隐藏着另一个问题。这需要管理者善于观察思考才行。

第三，多措并举，消除后顾之忧。

案例中，即使老师要求再细致，学生难免还会出现蚊帐使用不到位的情况。那么，班级之外的学校层面，政教处就要利用广播、比赛等多种途径，对正确使用蚊帐进行大力宣传。学校和班主任进行合力宣传效果会更好。

除此之外，恰当使用杀虫剂和蚊香，就是对蚊帐使用不正确的及时补救。这样，即使有蚊子，也不会对学生造成较大影响。从而，从根源上解决了蚊子问题。

在学校的管理里，处处都是小事情，班主任遇到的事情就会显得很琐碎。但是，每一件小事的后面可能都大有可为。细心地去观察思考，每一件小事的解决过程中，也都蕴含着一定的管理方法。这一个个小问题的恰当解决，就会为学生健康成长打下基础。

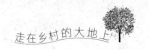

锻　炼

2020 年 6 月 3 日　星期三

下午 3 点，我来到县局参加了江苏省教师队伍建设视频会议。视频的声音很小，我坐在第四排，很费力才能听到。看着上面的领导，我不禁感叹：究竟要经历多少，才能达到他们的学识和修养？这背后究竟要付出多少艰辛？

开完会，趁着局里还没下班，我去了几个科室，办了一些事情。平日在学校，很少往局里跑，所以，一次性能办的事情，尽量都做了。

晚上到家已经 6 点多了。往床上一躺，疲惫得啥都不想干。中午定好闹钟要睡 20 分钟，结果半途接到局里电话，于是午觉没了。紧接着处理局里要求的事情，紧赶紧开了 30 多分钟车到县里开会，差两分钟就迟到了。所以，现在能实实在在地躺一会儿，就是一种难得的享受了。

歇了会儿，我把孩子中午剩的饭菜热了，吃了点儿。我换上运动衣服，把手机丢在家，便来到小区的一角，加入了跳操行列。在火爆的快节奏的音乐中，跟着别人做着各种动作，强度很大。这个过程，大汗淋漓。我不再喜欢慢腾腾的广场舞，转而喜欢这种有一定强度的塑形操。它能够更好地缓解久坐带来的不适感。跳完操回到家，我脸上的汗在不停地淌。坐在沙发上喝开水，一杯接着一杯，开水是那么甘甜可口，甚至有种梁山好汉喝酒的豪迈之感，痛快！

其实，跳操是一种情境的转换。跳操时啥也不想，把自己融入火辣的动感音乐中。整个人都会燃烧起来，整个世界都是那么带劲。路边的行车和树木，似乎都跟着旋律跳动起来。带操的夏

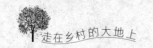

教练动作标准，我加了她微信。她高兴地告诉我："现在国家很重视体育运动，可以多宣传，让其他的老师也加入跳操的行列。"

而这一小时的真正锻炼，仿佛打通了我浑身的脉络，是那么舒服。忽然想起曾经与一个老中医讨论：《三国演义》里哪个人物最厉害？我猜测诸葛亮、曹操等，他都否定了。答案是司马懿。我很是不解，老中医告诉我："因为他的寿命最长，熬到了曹操的孙子辈，最后司马家族取代了曹家天下。而诸葛亮和曹操虽然比司马懿有才，但是都早死了。"

又想起在延安学习时，我顺便到作家路遥的墓地祭拜。看着墓碑上路遥抽烟的图像，我仿佛看到了那个充满思想的生动的路遥。可是，他仅仅活了 42 岁。如果他不那么拼命写作，活到 82 岁，是不是就写不出《平凡的世界》来？

生命有了长度，并不代表就没有深度。而对于亲人来说，生命越长，陪伴的幸福越久。人生一世，有了一份自己的工作，如果你认识到了它的价值，就会去钻研它，想把工作干好。然而，除此之外，我们还要养成良好的生活习惯，注意锻炼身体就是其中一条。

我跟夏教练约好了，暑假她们教练集训时，如果我有空，就加入她们训练的行列。在细致的讲解下，动作才会到位，效果才会更好些。掌握了动作要领，自己在学校空余时间就可以跳了。

拥有一个好身体，才能更好地工作，才能更久地去感触这个世界。我已经连续好几天没有更文了。不是没有事可写，而是事情太多。每天坚持写千字小文，看似简单，实则相当不容易。在不断挖掘中，那个真实的自己才有可能会出现。就像今晚的跳操一样，写作和锻炼一样，都要坚持。

磨细节

2020年6月4日　星期四

　　昨天，学校召集了教务、政教、后勤几个主要负责人开了个小会，把最近发现的几个小问题进行了梳理。今天，利用两节课后的大课间时间，教务和政教联合进行了细节打磨。

　　在学校管理中，制度都是有的。但是，没有完美的制度。在制度实施的过程中，会有一些没有预料到的问题出现，那么就需要不断去纠正完善。有时，还要不断地去根据实际情况创新工作方法。

　　由于条件有限，师生同在大食堂吃饭。政教规定就餐时学生不允许说话，但是，教师可能也只有在吃饭的时候才能碰到一起。他们吃饭时就需要一种情感的交流，说话就在所难免。这样，食堂里就会出现学生不说话、教师却说话的尴尬场面。

　　本学期为了解决这个问题，我们盖了两间教师食堂。将吃饭的师生进行分离，两全其美，取得了很好的效果。可是，教师食堂打扫却成了问题，因为食堂工人人手少。

　　恰巧，前段时间订校服，全校共有4人只订了一套夏季校服。可是，一套夏季校服是不够换的。于是，我提议将打扫教师餐厅转换为勤工俭学岗位，让4位学生分组进行打扫。另一套校服学校送给他们，就当勤工俭学的费用，也帮助了贫困生，这个方法同时解决了两个问题，教师餐厅得到了打扫，贫困生靠劳动换取得了校服。靠自己的劳动得到学校的帮助，比直接得到效果要好。这是一种有尊严的换取，同时还能培养学生的感恩之心。

　　这只是管理的一个小细节之处。针对管理中出现的很多问题，细细琢磨，很多都是在细节上出现了偏差。

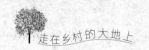

比如，小早自习时出现的问题：学生背什么科目、成群去上厕所、所站立的位置会乱换、背书时各种姿势等。早读结束后去食堂吃饭都把书带到食堂，排队去食堂吃饭各班走的路线不同。而早上起床后学生跑操由于跑道没有规定，又出现部分班级跑不整齐现象。

一段时间后，每个环节很有可能都会冒出一些需要改正的小问题。仔细分析这些小细节后，就要去细致纠正。上午两节课后的大课间时间，全体学生站到了小早读课的位置，手里拿着书。教务主任仔细地大声朗读小早读要求，特别强调"一站二捧三大声"，班主任检查每个学生的站姿，然后政教主任再强调说明就餐时行走的要求和跑操的要求。接着，所有学生从教室到食堂走一遍，在这个过程中，及时进行指导。

只要要求到位，指导到位，监督到位，总会获得一些预想的效果。像今天这样，适当地停下来，针对出现的一系列问题进行纠正，是非常有必要的。关注细节的改进，往往能够促使工作更好地开展。

天热的无奈

2020 年 6 月 7 日　星期天

一次上课，发现学生没有一个打盹的，我立刻表扬了他们。结果这帮孩子笑嘻嘻地大声喊："老师，天太热了，我们热得睡不着啊！"一句话，逗得我们都哈哈大笑起来。

这段时间天气高温，几乎都在 36 摄氏度左右。春天气温适宜，课堂上学生会犯困。而现在持续高温后，居然热得打盹都没了。我们学校除了教师办公室有空调外，其他教室、宿舍都是没有空调的。而教师办公室的空调也是乡领导拉公司捐赠的。当时教师都很高兴，终于有空调了。而一个月高峰期用电，电费由原来的 4000 多涨到了 8000 多。

因为学校学生少，局里按人头拨的办公经费就很少。本来水电费加上工人工资、培训费、维修费等就不够开支了，这下更陷入了经济危机中。我办公室的空调几乎是不开的，除非有外来人员坐在我办公室。不是不热，而是因为舍不得用。没有人能体察到我内心沉重的压力。

曾经，我跑到乡政府去找领导反映困难，询问能否将学校的电费打五折，领导惊讶地望着我没说话。见他没表态，我让了一步：打八折也行！领导忽然哈哈大笑起来，问我："电费不归乡里管，乡里没有权力打折啊。你究竟穷到了什么程度？"

这就是农村薄弱初中的现实，教师盼着办公室有空调，而电费翻倍却让人头疼。有的教师甚至就在办公室午休，因为自己的宿舍没有空调，睡得很不舒服。可想而知，我们学生的午休情况。

究竟该怎么办？装电风扇，旋转的都是热风，没有多大用处。装空调吗？空调费又从哪里来？有的朋友劝我可以让家长出资，显然这在农村是行不通的。即使解决了空调问题，那么后续的电费问题会更加重学校经济负担。仅就电费一项，足以让一个月的办公经费花完，那么学校的运转就会陷入瘫痪。

我没有办法解决这个现实问题，它似乎成了农村薄弱初中的共性问题。

三年来，这种经济的制约让我一些想法只能止步于想法。但是，如果一切都只能止步于想法，那么我来这所学校的意义又在哪里？我不愿这样过！在理想与现实的博弈中，要一次次想办法

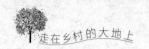
去突破这种制约。在丰富多彩的校园活动和几乎大变样的校园建设面前，可能没有一个教师能揣度到我内心的挣扎和困顿。

办公室里，我摆放了一些书法纸和一幅未完成的油画。当我觉得举步维艰的时候，就会练练字或画画油画。在夜里寂静之中，在那一笔一画的按部就班的描摹中，没有自我，只有一个简单纯粹的世界。所有的挣扎困顿仿佛都弥散在了空气里，无影无踪。

天很热，即使没有空调，课还是要上，学校还是要确保正常运转。可是，我心目中的学校不是这个样子的。它应该是什么样子？我期盼有一天可以看到它成为现实的模样！

把看期刊当作一种习惯

2020 年 6 月 9 日　星期二

今天，利用空余时间，走马观花地看了一本杂志《教育研究与评论》课堂观察版。这本杂志获得多项殊荣：第六届华东地区优秀期刊、人大复印报刊资料教育类重要转载来源期刊等。我开始把每天看杂志当作一个习惯来培养，甚至逼着自己一天看一本杂志，来提高自己对论文的感受能力。

看完后，我将很多标题和内容框架勾画出来，然后记录在自己的本子上。根据标题，联系自己的实际，把标题进行转换，然后列出自己的写作提纲。其实，这就锻炼了选题和列提纲的能力。

非常喜欢这本杂志，这个学期学校单独订了。细看其中一篇论文，准确地说是一种课堂叙事类观察。有的写得比较琐碎，但是相当真实。一本看完，不禁感叹：论文原来也可以也写得如此真实，如此打动人心。没有那些高深的理论帮助，也没有大而空的口号。有的只是实事求是的课堂观察，还原了真实的课堂情景。

课堂，每天都有，它需要观察和反思。如果没有观察和反思，我们的课堂就不会得到提升。教师的研究是离不开课堂观察的。对课堂进行观察，应该是学校教育研究的核心。像流生或者校外资源等问题，这些也重要，但是地位可能远不如课堂观察重要。如果学校教育是一个靶子，它们是相当于靶子的外围。

在课堂里，你都会有很多发现。如果将其中一点深挖下去，就会形成一篇论文。这种探索应该很有意思。比如，最近听了一节公开课，想了两个问题：第一，如果学生一开始回答不出老师的问题，老师是否要跳过讨论等环节，直接将答案告诉学生？第二，课堂中进行课内课外古文对比阅读，怎样才能达到更好的效果？

学生针对老师的提问，如果不会回答。这个时候，老师就像一个厨师一样，只好把菜炒好端上来，老师把答案和盘托出。但是，换来的却是很多学生的无动于衷。这两个问题，细致地去分析，会发现很多问题。

而这些问题的出现，是建立在课堂观察上的。这是活生生的例子，不是空穴来风。课堂实录就尤为重要了。世上没有相同的一片树叶，同样，也没有相同的一节课。虽然没有理论的支撑，但是却是活生生的自己的想法。于是，原创的观察和反思，就显现出了价值。

这本杂志，就保留了这份最原始的观察记录和反思，那么真实。它保留住了最原始的思考，这是这本杂志的可贵之处。它的作者大部分都是一线教师。核心期刊《课程教材教法》的作者，则大部分是大学教授。固然它的每篇文章都很宏大有深度，但对于我们一线教师来说，望尘莫及。所以，今天看的这本杂志更接地气。

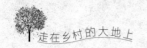
看的过程中，我会想起自己以前想要写的种种论文来。可是，它们只是囫囵吞枣地放在了电脑的文件夹里，很少过问。于是，一边设想着，一边丢着。而提起笔来，纷繁的念头就会一起涌入脑中，无从下笔。

这就说明，我们需要一个切入点，然后围绕着它去完成小小的探索。而抽空就要去不断地打磨它，再去投稿。这两个步骤简单，但是操作起来却不易。它需要及时地去记录，更需要时间去打磨，还需要打磨后寄给杂志社的勇气，最后还要有不断被退稿的承受力和坚持。

曾经，一个评上正高级的朋友告诉我，他曾经一年写了70多篇论文，全部投了出去，很多也都发表了。我惊叹地望着他说不出话来。这需要多大的定力和毅力！

半小时，我敲了这篇千字小文，满满的收获感漾满心胸。如果我告诉自己"今天太累了，明天再写吧"，那么明天可能还会有别的理由，今天的想法也许早就无影无踪了。

如果千字文形成了一个良好的习惯，时刻进行思考，抽空就记录下来，那么一天当中半小时还是有的。只要你想，也许任何人和事都无法阻挡你的脚步！

生活很美

2020年6月13日　星期六

下午在县里开会到6点多，回到家，我疲惫地躺在沙发上。刚来几天的婆婆见我回来，赶紧准备做晚饭。餐桌上的面板上整齐地排列着她亲手擀的豆面条。

我拿起茶几上施良方的《课程理论》，准备把剩下的 30 多页看完。读书能给人带来什么？每周看完一本书的坚持，似乎能让自己因为这种连续而心生畅快。踏入书的世界，心儿随着文字荡漾。于是，你在书外所遇到的一切，就会充满诗意。

下午开会时，身旁的一位校长与我聊天。他说："我有时累狠了，到家后，澡也不洗，躺沙发上就睡着了。我老婆心疼我，问我，你怎么能累成这样？"他的坦诚逗得我哈哈大笑。我安慰他："你学校离县城近，至少还能每天回去，多好呀！我学校离县城太远了，每周很少回去。有一次我打开家门，孩子看见我惊喜地问：呀！妈妈，你怎么回来了呀？"

日子忙起来，有时候真的像陀螺。昨天要报微型课题的中期评估表。课题组成员写的初稿比较乱。于是，我用了一上午的时间，像钉子一样坐在电脑前进行了修改。下午又参加了县名师工作坊研修活动。

今天早上起早，开车上学，上第一节课。第二节课召集校委会成员开会，针对当前的一些工作进行了讨论。会刚开完，就接着召集了所有教研组长会议，提出了最近公开课、集体备课中出现的共性问题，并提出了解决的方法。他们刚走，又把后勤教干召集起来，学习了昨天局里发的关于食堂整改的文件。针对查出的问题再次要求整改到位，明确每个人的分工和下周检查的时间。

这些事情结束，我便开车回了县城，因为下午要开会。今天大雨，我在 11:48 到达了孩子学校门口，准时接到了孩子。下雨天，孩子骑电动车是相当不方便的。今天趁着有开会的机会，正好顺便带孩子回家。这种机会太少了。这就是生活，工作和家庭都要兼顾。

忽然想起，前几天乡工作群里发了很多照片，全是乡干部深

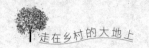

夜在田间地头监督秸秆禁烧的照片。一张张照片让我很是感动，群里有人点赞，我跟着发了一句话：在我们看不到的地方，责任和担当撑起了乡村工作。

而这句话，同样也适用于农村学校教育。有那么多的教育工作者在乡村的大地上，撑起了农村教育。那位在沙发上就睡着的校长，也是一所农村学校的校长。他亲切的笑容后面，却有着很多不向人述说的辛苦。

晚上8点多，我合上书，换上运动鞋，来到小区一角的广场舞队伍中，跟着大爷大妈们跳了起来。这是一个不同的世界，温馨而祥和。20多分钟后，我回到家。重新又拿起这本书，不躺在沙发上，而是直接坐在沙发旁的地上。书本放在腿上，很轻松惬意。

今天，电脑的界面上跳出了台湾诗人余光中的一句话：人生有许多事情，正如船后的波纹，总要过后才觉得美的。他写得真好，确实如此。辛苦过后，你会发现生活真的很美！

你会叠衣服吗

2020年6月15日　星期一

我进班上课时，班主任正在班里发夏季校服。班主任很细心，要求学生打开衣服袋子，将其中一套校服拿出。然后将校服套在身上，试一试是否合适。

学生穿着新衣服，很是兴奋。他们互相看着，开心地笑着。有的大了，有的又小了些，他们互相交换。实在没法调的，交给班主任，全年级再统一调配。

大部分学生都试完了，我叮嘱他们："新衣服最好洗过一遍后再穿，这样才干净。把衣服叠好放入袋子里。"他们纷纷把衣服放入袋子了，不是叠好，而是把衣服大致拢在一起，用手压一压，就塞进了袋子。我又重复了一遍："把衣服叠好，再放袋子里！"他们像没听到一样，仍旧像刚才一样收拢衣服。

我忽然意识到了一个问题：是不是他们不会叠衣服？

我赶忙问他们："你们会叠衣服吗？"他们纷纷说："不是这样吗？"我立刻否定了："不是这样，这样是错误的！"他们惊讶地说："不是这样？那就不会了。"我追问："你们家人教你们叠过衣服吗？"他们异口同声地答："没有。"

我在讲台上，把一个学生的上衣展开，向他们展示叠上衣的步骤。他们看得很认真，写字课立刻变成了叠衣服课。他们开始试着叠衣服，我在班里巡视，发现了几个共同的问题。于是，把共同的问题又进行了细致讲解。并告诉他们，最后完成，要观察边边角角，整体要美观对称。有的学生叠得不对，我就让叠得较好的同学教他们。又将几件叠好的上衣，放在一起对比，让他们评选哪件叠得最好。仔细观察，找出叠不好的原因。

我反问学生："这么大了为什么不会叠衣服呢？"一个女生坦率地大声反问我："为什么要学呀？长大了也不必须用啊。"我反问她："你家的衣服都是挂起来的吗？人是都要穿衣服的。它不考试，但是我们离不了。它是我们生活的一部分，就像吃饭一样！"

看到他们把衣服叠好，整齐地放入袋中，我不禁感慨万千。回想自己念初中，也没老师教我叠衣服。因为是家里唯一的女孩子，母亲把我带到菜市场，教我如何买菜。还手把手教我叠衣服、缝衣服、刷碗、和面、做饭。父母除了没教我开四轮拖拉机外，其他的家务、农活等几乎全教了。与两个弟弟比起来，我还

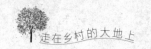

会了他们不会的一些家务活。父亲常说："我不重男轻女，谁能干，我就疼谁。谁能考上学校，我就给谁念！"

在父母的眼里，我似乎就成了顶梁柱。特别是暑假，他们出去做粮食生意，我们三个孩子，就承包了所有的家务和农活。于是，我像一个组织者，分配了所有的活，炒菜、烧锅、刷锅、扫地、喂猪、锄地等。三个人干好自己的事情，干不好再重干。

活儿似乎永远都干不完。于是，我们很羡慕别人能够看书学习。因为与干活比起来，学习要轻松多了，只需要动动脑子而已。可是，喜欢看书学习，好似并不能减少干活的量。农忙时，母亲面对我们强烈要求做作业而不干活的抗议，义正词严地宣布："不干活，吃什么？学习要学，活不能少干。谁先干了，谁去学！"

生活就是一本教科书，学校教育中可能缺失的，在我的家庭教育中有的却得到了弥补。

孩子的生活除了文化知识，还需要更多。

现在，我成了一名教育工作者，而我的学生可能早已没有我当年的劳动经历。他们有的不会叠衣服、不会拖地、不会收拾课桌、不会缝衣服等。可能，不是他们不会，而是我们没有有意识地去教他们，抑或连指导都谈不上。

也许正因为这样，他们就有了很多次在日记里写的无聊经历。无聊可能就来自眼里没有活。可能他们看不见衣服乱堆一团、看不见桌面的乱七八糟、看不见房间的凌乱等。

一个朋友告诉我，有次他的孩子坐在沙发上一边吃零食，一边看电视，快乐地告诉他："这就是我想要的生活！"一个学生上课时苦恼地告诉我："老师，我就是认为打游戏是最快乐的，怎么办？"这些感官刺激带来的简单的快乐，可能会因为缺少了劳动的洗礼，导致看不到其他东西。

再回首自己的初中生活，暑假里，我们姐弟三个，除了干家务、干农活，就是围坐在饭桌旁看书写字。而邻居家的三个孩子，很多时候都是躲在空调房里看电视。最后，不识字的母亲和只有初一文化的父亲，用劳动把我们培养成了村里唯一的一家三个大学生。

真正的生活应该是什么？可能是眼里有物，也可能是一种需要。你能看到衣服需要整理、房间需要打扫、桌面需要归整、衣服需要缝补、花儿需要浇水、地里需要除草、猪儿需要喂食、亲人需要吃饭等。这种劳动的需要，可能会让你觉得自己很重要，会让你看到生活的更好的样子。

这些就是劳动，劳动教育在人的成长中不可或缺。那么，如何让家庭生活中的劳动在学校劳动教育中得以体现呢？"不会叠衣服"只是一个引子，值得我们去思考。

一次只做一件事

2020 年 6 月 21 日　星期天

有一次听物理课，我把电脑带到班里，对课堂进行了实录。课后，将板书和学生课堂笔记都进行了拍照，将课件保存到电脑里。

我发现了课堂上很多地方需要改进。没有进行小组实验，导致所有的表格都不能进行填写。数据没有填写，就导致无法进行前后实验的数据对比。大容量的课件，虽然制作精良，可是，好多张课件只是虚设，没有用。

如此，一篇关于物理课堂观察和评论的思路在脑中呈现，迅

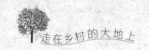

速把框架记在电脑里。虽然结构还比较凌乱，但心里还是酝酿着这篇论文的形成。

但是，接着因为很多很多其他事情的侵占，这篇论文仍旧是一开始的收集资料阶段。它仍旧躺在桌面的文件夹里。我的时间去哪里了？上课、听课、开会、处理事务。每天马不停蹄地做着必须做的事情，每一样事情都要花一定的时间。

时间是有限的，精力是有限的。记得《教学与管理》杂志中有一篇是来自北京十一中学校长李希贵的文章。他的观点发表在了核心期刊上，那是他的思考。我不禁很是羡慕，那么忙的情况下，还能有文章见诸期刊，实属不易。

再想想，魏书生、窦桂梅不都是校长吗？他们却仍旧是出了很多书。在工作、学习、反思中，他们拥有了自己的发现和思考。不光低头拉车，还能抬头看路。可是，这种用文字来呈现自己思考的过程，却并不是那么容易的事情。

为了市微课题能够顺利结题，我今天修改了一篇文章，准备投稿。原本 3800 字左右，要压缩为 2300 字左右。为了删掉 1000 多字，我必须反复去衡量每句话的含义和分量。可有可无的、逻辑性有误的句子都要被删去。每一次看完都要去掉一部分。最后发现，原来自己对这篇论文并没有认真对待，更谈不上字斟句酌。

这是抓住一篇论文进行修改，针对性很强。但是，打开电脑桌面上的"要写的论文"文件夹，发现居然自己想好了那么多的题目，还列出了提纲，有的雏形都已经出来了。可是，仅此而已。半成品的它们印证了我曾经的激情澎湃，但仅此而已。

把一个想法打磨成一篇论文，是一个相当艰辛的过程。没有时间作为保障，完成一篇篇论文也只能是空想。我把到月底要完成的一些重要事情写在了便利贴上，把它贴在电脑上。每天只要打开电脑，就能看到近期要做的事情。

很多事情汇集到一起，可能会有"乱箭穿心"的感觉。但焦虑着急都是起不到什么作用的。只能一件一件地去做，而且还要沉住气、沉下心去做才行。

今天是星期天，难得晚上在家。晚上照旧去跳一小时的操，这个锻炼时间是不能省的。不然，超负荷的工作会让自己的身体承受不了。敲着这篇小文，写到一半后，就赶紧停下来，要给快放晚自习的孩子准备晚餐。一小盘长豆角，12 个饺子，把明早的米饭熬好。

等孩子吃完晚餐，时间已经过了 10 点半。我抓紧时间继续敲这篇小文。这就是生活，抓住看得见的，还要去抓看不见的。看得见的和看不见的，孰轻孰重？每个人的答案不同。除了工作，还要做家务、陪伴孩子、人情来往等。这么多事情构成了丰富多彩的平凡的日子。

一次只做一件事，培养做事的专注度，坦然面对。不惊、不怯、不畏！

手机，有时请走开

2020 年 6 月 26 日　星期五

晚上到小区附近的场地跳操，喜欢把手机放在家里，只带着一个水杯。

在这一小时的时光里，可以说，你不用去看手机里的信息，可能也不会有人能找到你。这段没有手机的时间里，只有投入的挥舞蹦跳，酣畅淋漓。这个世界只有动感劲爆的音乐和快节奏的

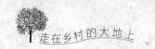

动作。具有一定强度的动作，有时让人只想着呼吸。

　　跳操结束，回到家，已经9点多。打开手机，两个同事在近9点打来电话，而且都是一遍没打通，又打第二遍。我没有回电话。我揣测着他们打电话的原因，十有八九都是工作上的事情。而这些事情，明天8点后再说也是可以的。

　　我第一次觉得自己被工作追得似乎无处安身了。

　　一个人的生活里除了工作，还可以有很多很多。可是，手机似乎让人无处可逃了。深更半夜发会议通知，还要回复，还有汇报事情、咨询事情等。自己的时间被击打得粉碎，没有一定的连贯性。

　　很多时候看书时，我喜欢把手机网络关掉。因为一个信息就会打断自己的思路。我更想晚上8点关掉网络。把夜里几小时留给看书学习，把这个纷繁世界隔在外面。

　　有时，当你不带手机时，别人联系不上你，就可能造成误会。所以，倒不如在某个时间段关机，例如，跳操的时候就可以如此。我现在已经退了好几个群，也拒绝了一些来让我进群的邀请。很多时候，不再去翻看朋友圈了，也不再关注微信运动，不想去了解自己一天走了多少步，别人走了多少步。

　　手机的大容量和碎片式的阅读模式，已经在不知不觉中占据了很多时间。当你放下手机，你会发现，很多事情都没有做。而每天的时间是不变的，应该在重要的事情上多花工夫。

　　所以，对于手机，要阶段性地去看。比如，一两小时看一遍，至少在这一两小时里可以保证自己可以集中精力去做事情。适当给自己做个减法，才能自在轻松些！

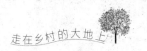

我想看你美好的样子

2020年6月28日　星期天

　　21:10 最后一节晚自习下课，我没有离开教室。顺手把学生晚自习的读书笔记批改了。最后一节课，一般我都让学生自己看课外书籍，还要求学生看书时，手里要拿支笔，把喜欢的语句勾画出来，然后抄在读书笔记本上。

　　班里很安静，学生投入地看着书、写着字。我喜欢看他们读书的样子，喜欢这种专注的状态。外面下着大雨，滋润着大地，书仿佛也在滋润着他们。

　　看完他们的读书笔记，已经过了 9 点半。值班教干看到教室灯没关，特地来到教室关灯，我的存在把他吓了一跳。我赶紧收拾试卷，离开教室。门口，一排花儿在走廊里沐浴着风儿送来的雨水的敲击。

　　回到三楼办公室，抬头望向前面的天空。行政楼上的灯光似乎穿透了雨水。狂风裹挟下的雨，在灯光的照耀下，在漆黑的夜里，居然那么分明可见。它们统一向右倾斜，仿佛成了平行线。这种场景却又像是冬天的大雪。它就这样挥挥洒洒地，耐心十足地，保持着快节奏的速度。

　　今晚的雨是那么有毅力，保持着酣畅淋漓的气势，又夹杂着肆意的江湖气息。狂风和大雨的交响曲，成了校园动听的音乐，这是校园的另一番风景。在这个风雨飒飒的夜里，白天的印记会慢慢浮现出来。

　　宿舍，我初步完成了自己的想法。上午第二节课后，所有住校生都领到了一个收纳箱，放在自己的床下。每个宿舍还配备了衣架。至此，三年里宿舍发生了很多改变。学生拥有了统一的床

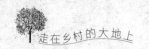

单被套，每个宿舍都配备了集洗漱用品、水瓶等的收纳柜子，还配置了毛巾架、晾衣架、收纳箱。墙上都贴上了文化标语。还别出心裁地单设一间空房，实在睡不着的可以在里面看书写字。

三年前，我刚到这个学校上的第一个晚自习，教干告诉我：宿舍从来不关门，因为宿舍的厕所不能用，也没人值班。我从没有想过会有如此糟糕的情况出现。于是，第一天晚上，我在女生宿舍值班室睡了一晚上。望着过于简陋的值班室，我开始去思考，自己究竟要给这所学校带来什么。

在资金很少的情况下，宿舍在不断投入中，慢慢地变成了我想要的模样。从学生的角度出发，他们需要的，就是我们要做的。这个改变需要去不断琢磨，不光宿舍如此。

中午，全体党员在党建室召开了评选县优秀共产党员的会议。而此之前，我们还单独讨论了评选方案。在没有评选制度的情况下，集思广益是最好的方法。在全体党员的参与下，公开公正地完成了这项工作。名单公示后，并没有党员表示不满。

没有最好的制度，只有比较适合的制度。制度从哪里来？从广大人民群众中来。只要在征求讨论的情况下确立，大家才会拥护。有时，教职工需要什么？其中一点，可能需要一个说话表达自己意见的机会。管理需要制度。如果没有制度，事情就会陷入恶性循环中，就会助长不正之风。

没有制度不可怕，只要广泛听取意见，去制定就行了。让大家自己制定制度，去管自己，这样具有说服力。学校很多制度都是从无到有，而且还在不断地完善。用制度去管人，让每个人看到制度的约束性，也看到达到自己目标的途径。大家在相对比较公平的情况下去竞争，学校的正气就慢慢树立了。

制定一系列切合实际的考核制度，这些也是我想要的样子。当现实在向你想象的美好的样子转变时，那种存在的价值感就会充满心胸。

今天看到日本作家村上春树在作品里的一段话：不管全世界所有人怎么说，我都认为自己的感受才是最正确的。无论别人怎么看，我绝不打乱自己的节奏，喜欢的事自然可以坚持，不喜欢怎么也长久不了。我喜欢看你美好的样子，所以坚持！

2020 年述职报告

2020 年 7 月 3 日　星期五

一年来，在上级领导的关爱下，在全体教职工的共同努力下，我校坚持原则，依法行政，克难奋进，开拓创新，比较圆满地完成了各项工作任务，取得了一定的成绩。现将本年度本人的思想和工作总结如下：

一、用理论学习提高自我修养

坚持阅读是我每天的必修课。特别是阅读《人民教育》《教学与管理》等核心期刊，从中学习党的方针政策、教育教学管理理论等，了解教育走向，向优秀的学校校长学习先进的管理经验的同时做好读书记录，不断形成自己的教育理想。还注重理论联系实际，积极将学到的与学校实际相结合进行落实。

二、用教科研引领自己专业成长

一年来，我任教七年级语文，连早晚自习，一周 16 节课。带头上公开课，积极参加各项教研活动，与教师积极沟通交流。不断发现课堂中的问题，寻找适合的高效课堂方法。

自 2018 年，我有幸被遴选为江苏省青年教师教育家型培养对象，在过去的一年里，我进行了第二年的培训，完成了两年的

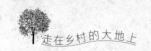

培训任务。2019 年 7 月参加了中小学校长专业能力提升高级研修班。被评为宿迁市语文学科带头人，县优秀阅读推广人，被聘为宿迁市乡村骨干教师第三届、第四届培育站导师。入选泗洪县语文名师工作坊，参与省干培训中心组织的四川昭觉县帮扶送教工作。成功申报两项市级课题，有三篇文章发表在《中学语文教学参考》等省级期刊上。开设省级观摩课一节，省级讲座一个，市级讲座三个，市级观摩课两节。

工作之余，我勤于写作，创建微信公众号"大象时空"，从 2017 年 11 月开始到现在，已经创作原创文章 530 多篇。它记录了我在学校工作三年中的所思所想。

三、用制度和活动引领学校发展

我们根据实际情况，集思广益，不断健全各项规章制度。实行封闭式的管理，并逐步探索出一套精细化管理办法。真正做到有管理的地方创造性的借鉴经验，制定各年级考核目标，学生奖励制度等。除了一些常规的学校活动外，我们还根据实际情况扎实开展了师生活动。比如，社团活动、学生劳动周、优秀教研组评比、教师基本功大赛、学生坐姿比赛、教室办公室文化评比等。此外，还成立了常春藤工作室、读书协会等。

三年来我们已经形成了学校固定的特色活动：上半年全校师生春季研学旅行，下半年体育艺术节、八年级青春仪式、寒假走进百姓文艺演出等。这些扎实开展的活动丰富了学生的生活。有布置，有落实，有成果展示，分工明确，一套做事方法也提高了教干的办事能力。

四、用安全和建设保障师生生活

我们狠抓安全工作，利用多种途径进行安全宣传，提高安全意识。一年来，我们进行了校园改造，路面、绿化、校园文化等都焕然一新。根据需要，我们新建了教室餐厅和停车场，为学生购置了风扇、三件套、衣架、收纳箱等。

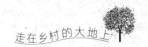

一年来我铭记自己的职责，严于律己，恪尽职守。除了带头上课，积极参加教研活动外，我还每天三巡校园，及时了解情况，督促教干进行整改。每周，我力保在学校三个晚上不回家，及时了解学校暴露出的问题。我们外树形象，内抓管理，各方面都有进步，特别是教学成绩有了显著提高。荣获2019年"县教育质量先进单位""乡目标先进单位"。

面对学校资金不足和各种问题，无数次我陷入困境。但是最终都经过领导关心、大家努力、不断学习而解决了困难。善于学习思考，凝心聚力成了克难的法宝。但是自己的专业阅读远远不够，在"悟学课堂"模式的深入推广上功夫下得不深。另外，在很多学生缺失的家庭教育上，引导也不够。

我将继续努力学习，以身作则，带领全体教职工，解放思想、因地制宜地开拓工作，以饱满的热情为学校美好的明天而努力奋斗。

谁是朗诵者

2020年7月6日　星期一

一张嘴，可以说话，但也可以朗诵、唱歌。它们赋予了声音不同的意味。我喜欢听好听的声音，喜欢哼两句歌，却很少去朗诵。虽然知道朗诵很有魅力，可是又觉得它似乎离生活很远。好似朗诵比唱歌的难度更大，抑或觉得朗诵的门槛太高，只有普通话特别好的人，才可以踏入它的领域。

有时还会有一种错觉，朗诵者手捧着稿子，在那份读稿的依

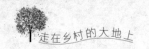

托中，减少了观众倾听声音的渴望。在朗诵者和观众之间隔着一份稿子，少了那份面对面的真诚，虽然脱稿要下功夫。于是，在这份隔阂中，我常常认为读稿让朗读变得那么陌生。即使朗读者感情投入、眉飞色舞，他关注稿子的程度可能甚于观众，这份远近又生出陌生感，冲淡了文本原有的思想感情；再加上朗读者有时对文本情感把控的不到位，在观众听起来更是不入心。

因为7月5日下午要参加县朗诵艺术培训讲座活动，头天晚上，我特地打开微信公众号"朗诵艺术杂志"，随手点几个节目听听。又因为在做家务，所以只是听听声音，不去看视频。朗读者脱稿也好，看稿也罢，不去在意，只是用耳朵听。于是，朗诵的声音洋溢在我的家里，配合着音乐，空气好似因此变得跌宕起伏，立体生动。

有的声音充满仓央嘉措的柔情，有的充满草原的宽广，而给我留下印象最深刻是季冠霖的《我的爸爸》。季冠霖是内地配音女演员。作品中的爸爸是沈阳飞机工业（集团）有限公司董事长，执行任务时突发疾病殉职。

可是，她的声音却把我听得眼泪止不住地往下掉。她的声音并不算完美，说是朗诵，却又有些像平常说话一样自然。更重要的是，那份对父亲真挚的怀念之情随着朗诵自然地流露出来，并不做作。

一个朗诵作品，能让听众不自觉地流下泪来，应该是成功的。朗诵在某些方面比说话的要求高些。当声音承载了思想和感情，它居然有如此迷人的张力。它的每一个词、每一种语气居然都能牵动你的心。有一样的声音吗？没有！每一个朗读者应该都是一个独特的个体。音色不同，气质不同，文本理解不同，太多的不同，于是发出的声音就不一样。

总是觉得朗诵者需要具备很多条件，其中最关键的是普通话要好。如果普通话欠佳，就与朗诵无缘了。可是，真的是这样吗？反过来，既然每个人都是不一样的，那么是不是每个人都可以是朗诵者？

7月6日下午，市里卢老师带来了三小时的朗诵培训。她明确了演讲、朗诵、朗读三者之间的不同，介绍了很多朗诵技法，纠正了培训人员朗读中出现的问题。我们欣赏了她给一些影视剧配音的视频。

每个人都可以是朗诵者？卢老师对朗诵的理解，给了问题的答案。

她认为，朗诵是物理的距离感和心灵的距离感，有距离却很好听。由心而发，带有情感温度又有情感控制力，且无限接近黄金分割比的声音表达。朗诵最终回归生活，不能停留在技巧方法上，善于观察，感受场景。声音可以是本来的声音，真挚自然。美不是格式。朗诵就是感知于外，受之于心，内明于心，外达于人。

可见，技法对于感情来说，可能排在后面。就如同一篇文章，重要的是作者的思想观点，而不是堆砌的华美修辞。既然这样，即使普通话不佳，你仍旧可以用朴素的声音，真挚自然地表露自己的思想感情。

一位朋友要参加市里的演讲比赛，演给我们听，想听听我们的意见。流畅的稿子背诵，比较准确的表情动作，可是似乎缺点什么。与她闲聊时，我忽然意识到一个问题："这稿子是你写的吗？"她说："是别人写好了的，我只负责朗诵。"

我找到了答案，告诉她："你是朗诵人，而稿子不是你写的。问题就在这里！"她问我该怎么办，我想了想，试着回答她："你说的每一句话，最好要从你的心里流过，把它们转变成你真正想说的。你自己真正想表达的才是最可贵的，不是别人想让你说的话。"

我没有像她一样参加过市演讲比赛，仅仅参加过两次县里的

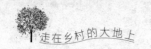

比赛。不同的是，稿子是自己写的。虽然普通话不是非常好，形象也不是最佳的，但是，当你说着发自内心的话，就不会再惧怕台下的任何目光。你会坦荡地站在舞台上，无所畏惧。因为这些声音发自内心，独一无二，它只属于自己。

世上没有相同的一片树叶，每个人的朗诵都是原创的，每个人都应该是朗诵者！大声去朗诵，让声音的世界充满自己的思想感情，它可能会让你更加了解你自己。

因为我喜欢你

2020 年 7 月 11 日　星期六

巡视教室时，我发现一楼图书角的书籍摆放凌乱。于是，我停下来把书摆好。一个初三女生在不远处水池边洗完抹布后，向我走来。她走到我的身边说："校长，我来把上面的灰擦擦。"我表扬了她，她忽然问我："校长，你是不是要走了？"我很奇怪："你从哪儿看出来的？"她说："我以为你是来实习的，实习时间就是三年。"

我反问她："你希望我走吗？"她专注地擦灰，小声说："不希望。"我问："为什么不想我走啊？"然后，我听到了一句融入心里的话，仿佛照亮了这个阴天。她说："因为我喜欢你！"

这就是学校，你的付出，总是在不经意间就会得到回报。这个初三的女生父母离异，家庭比较贫困，学习不算优秀，但是1500 米却跑了全校第一。我陪伴着她走过了正好初中三年。我大声告诉她："我也喜欢你！我喜欢你爱干净，喜欢你体育好，喜欢你爱劳动，喜欢你积极向上，喜欢你坚持学习。"她不好意思地不住地说："谢谢校长，谢谢校长！"

这是学校的一个场景，每天都会有很多场景出现。行走时，学生问候你，你也问候学生。值日生来给我打扫办公室，我把出礼时的喜糖，塞几块给他们。下雨了，学生放把伞在讲台上，塞我张字条：老师，外面下雨了。伞给你用，我和别人合用。陪学生在班里看名著电影，我有不明白的地方，学生争先恐后地喋喋不休地告诉我。经过窗户，我故意踩响皮鞋，故意在窗口逗留一会儿。学生听到声音后，他们的后背就会挺得更直。

谁是这个学校最可爱的人？学生！

这几天很是忙碌，接连三天考试。10 日半天抽考了 4 个科目，最后三科在 12 日下午考。于是，后面这么多课都在复习三门课的内容。学生在不断地刷题、对答案，再刷，再对。下午我的语文课，明显感觉到学生在对剩下三门课充足时间的复习感到有些疲惫。语文早已考完，于是，我让学生自由看课外书籍。

下午的课堂里，学生在看书，我也在看书。没有人说话，教室静悄悄的。外面下起了大雨，教室的电风扇关了，凉风从教室穿过，很舒服。他们入迷看书的样子真好，我觉得他们就像雨中的植物，在不断地拔节生长。

心气顺了，师生感情融洽了，就会转变成一种享受，很舒服。而达到这个状态，需要时间慢慢去浸润，一蹴而就是做不到的。

下午，在看一本杂志《人民教育》，它展现了当下中国一个广阔的教育世界。这个世界是那么迷人。中国太大，在我看不到的地方，有那么多有追求的校长，有那么多优秀的经验。而这些好的做法，很多都可以借鉴。那又会是怎样的体验？

上午，在乡里开了一上午的会。三个乡镇合并成一个镇，学校所在的乡被合并了。大部分乡领导都调离了。新任的书记来跟

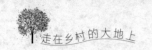

我们各单位负责人见面。每个领导的风格不同，我又看到了一个乡镇书记的风采。在他对各项工作阐述认识的背后，不知包含着多少艰辛的付出。

学生对老师的肯定，老百姓对领导的肯定，它们可能足以扫去工作带来的所有辛苦劳累！

2020 年中考前一天

2020 年 7 月 13 日　星期一

接连七天，没有放假。周五抽考，双休两天期末考。昨天 17:20 考完试后，所有的师生都离开了校园。放学时我站在校门口值班，看着他们头也不回地离开。匆匆脚步似乎包裹着七天的疲惫。

今早，所有师生都返回了校园。但不同的是，初三学生下午 1 点前到校，因为要去泗洪参加中考。不过，今天的活动项目比较多。上午，我们连续开了两个会，把活动相关的事情进行了具体说明和人员分工。

2 点多，乡里的两位领导来学校进行了慰问。他们的到来，让我们很感动。作为这个乡镇大地上的最高学府，我们发展的好坏牵动着领导和老百姓的心。学校的鞭炮 2:16 准时点燃。后勤挑选了一位儿女双全、德高望重的老教师去点鞭炮。震耳的鞭炮声吸引了很多百姓观望，其中有一些初三学生的家长，很是兴奋。

初一和初二的学生站在学校主路两侧，拉着鼓劲的横幅，鼓着掌，喊着口号。初三的学生手里拿着凉席，拖着行李走在中间。他们坐上车后，我发现，车上初三的学生与校门口的学生互相挥手告别。

今天下午，我们邀请了一墙之隔的小学六年级全体学生来学校参观。三年来，学校在硬件软件上都发生了很大变化。而这些，不是每一个小学生都了解的。我们需要打开校门，让他们进来走一走、看一看、听一听。恰巧，他们定的时间是 2:30。于是，我们决定中考车推迟一些时间出发。

所有中考带队的老师来到学校门口，站在一侧。当六年级孩子从我们面前经过时，我们鼓掌欢迎。大门两侧初一的学生拉着欢迎的横幅，列队鼓掌。还有一个创意：初一的学生给每个六年级学生发了一瓶冰糖雪梨饮料。我们猜测，相对于纯净水来说，他们可能更喜欢喝酸甜可口的饮料。这一点应该会增加他们对学校的好感。

在招生这块，我们花了很多心思。即使有很多学生都会选择县城就读，但是，我们依旧不放弃，努力争取，尽量多招学生。即使成绩弱些，但人数多些，学校的人气就会旺些，办公经费就会相应多些。

对农村初中，首先要有一定的学生，然后才能谈得上发展。如果学生数低于 100 人，很有可能就被合并成九年一贯制学校了。我们都不希望被合并，只能想法子招生，先让学校人多些才行。

2:56，我们中考车出发去县城学校了。忙了一上午，根本没有时间睡午觉。一路上，我把音乐放得大些去除困意。前面是警车开道，后面是中考大巴。广播里传来歌曲《秋天的童话》，女歌手的声音很特别，好听极了。在悠扬的歌声中，在 60 迈的车速里，我们行驶在 245 省道上。

路两边是一望无际的田野，在这片乡村大地上，我们好像变成

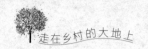

了音符，谱写着欢快的歌。在刻意的慢速度中，心情是毫无阻拦的舒畅。一年又过去了，我们所做的一切都是为了你们，这片乡村大地的希望——孩子们。你们的进步就是我们的骄傲，加油！

中考第一天

2020 年 7 月 14 日　星期二

今天是中考的第一天。

早上，带队老师 5:30 督促学生起床，然后操场跑操两圈，统一排好队背书。7:00 统一吃早餐，早餐后打扫宿舍。7:40 到宿舍后的画廊内复习考试内容，8:30 统一去检录考试。中午吃完饭，午睡到 1:30，然后在宿舍复习至 2:20，然后集中去考场。下午 5:00 就餐休息后，统一到五楼教室复习第二天的考试科目，老师辅导。晚上 8:30—9:30 洗澡，9:30 熄灯睡觉。

这是一天的作息时间表，我们根据考试学校的时间合理进行安排。学生虽然到了陌生环境，他们还比较适应。

因为是中考，伙食的标准是比较高的。一桌 8 个人，但是菜都吃不完。菜在平时都吃过，可是菜名却不同，很是惊艳。看看三天的菜谱，那一个个与考试有关的充满寓意的菜名，让人倍感温暖。

每个宿舍都有单独的卫生间、空调、洗漱间、衣物柜，还有一个小阳台晾晒衣物。每一层楼都有一个直饮机、一个大厕所、大淋浴房。这些设计比较周到地考虑了学生的实际需要。

主考学校很是用心，在学校的主楼前，还设置了一个中考门。每个中考生，从大门处，踩着红地毯，从龙门下经过。很多师生在门前留影，很具有仪式感。这个创意真好，每个考生都能感受到中考的氛围，充满了自信。

中考，应该是人生一个比较重要的分水岭。忽然想起自己的中考。中考前两天，家里二大爷来做客，知道我要参加中考，关心地对我爸说："等她考完了，就让她开个小店吧，也能赚些钱。然后找个可以的婆家。"我听蒙了，他轻描淡写的几句话就决定了我的人生，那么清晰。不过他的好意白费了。

在这个大家庭里，似乎没有人看好我，也没什么鼓励。不及格和满分在不识字的母亲眼里都是一样的，不关心。可能正是在这种宽松的情况下，你才能发现自己想要的东西。它超脱了种种牵扯，不需要别人鼓励和支持，只是走自己的路。

一次，小爷家的妹妹豪迈地告诉我："你是我们这一大家子女孩子中唯一一个念出书的，还做了校长，你是我们的骄傲！"那一刻，我觉得自己对于她像一块珍宝。

现在的中考，家长的重视程度远远超过自己的那个年代。学校支持、老师期望、家长鼓励，连大妈们热衷的广场舞，都因为中考而暂时停跳了。

当学生走进考场，我们这些送考人员就要离开。送考室里，很多送考老师在这里休息。但是人太多，很嘈杂。去年中考的时候，我利用空余时间在女生宿舍值班室看看书、写写字。但是，今年中考，值班室比较拥挤，不能再用。于是，我找到一个暂时不用的小会议室，很是安静，还有网络。学生考试期间，可以在这里看看书、查找资料。

一个朋友发来信息：中考忙，不好打扰你，注意劳逸结合！看完后，心里偷偷乐了。忙，但还是有很多空闲时间的。学生考试和复习的时间，我都可以用来畅快地看看书，好好去思考一些问题。中考时间也是一种享受！

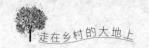

2020年暑假开始了

2020年7月18日　星期六

　　7月16日中午，目送着警车和大巴离开考试学校时，2020年的初三中考结束了。相当于4天的时间，除了考试时间外，其他时间都得到了充分利用。

　　早上跑操早读，早餐后整理宿舍、复习。中午午休、复习，晚餐后借用教室上晚自习，9点半睡觉。这群初三的孩子相当遵守规矩。不光我们学校这样，其他住宿的农村学校都是如此。整体都呈现出积极向上的精神状态。

　　4天来，个别学生发烧肚子疼，但是吃药后就好了，没什么太大影响，也没有出现打架等情况，孩子们很让我们带队老师省心。

　　几乎每一个孩子学习活动的场景，我都在观察。有时远远地看着他们，再看看别的学校的学生。有时，轻轻地从他们身边经过，看着他们背书做题。在一步一步的移动中，我调动所有的神经，去捕捉来自他们外表呈现下的内心状态。

　　一次就餐时，初三的老师谈到了学生的家庭。一个班有十几个学生家庭是离异的，其他很多都是留守儿童，还有的与自己的爷爷奶奶一起生活。家里有父母完整陪伴的只有少数几个。

　　在某些方面缺失的家庭教育，往往会给孩子带来很多影响，出现很多问题。如果说学校教育大致相同的情况下，真正产生较量的可能就是家庭教育了。有时明显感觉到，周一到周五学生在校表现良好。而周末放了两天假，学生返校后却会发生一些变化。

　　于是，中考4天里，在对学生不断的打量和思考中，就会想到很多词组：目标教育、理想教育、劳动教育、习惯养成、大阅读等。它们都是这些孩子需要的。其中目标教育和理想教育可能是最重要的。因为目标和理想可以支撑他们去跨越贫困和狭隘，去摆脱原生家庭某些不利影响，去改变如长辈般的命运，去展望自己的美好未来。

孩子们需要的就是我们学校要做的。在他们人生的起始阶段，学校教育要好好帮助他们走好人生的第一步。中考似乎是初中生活的一个句号，我望着满载着初三孩子的车远去，忽然心里有些空落落的。

17 日早上 7 点半，所有班主任开会，布置放假工作。8 点，七、八年级学生返校领取成绩单和作业清单。今年暑假，我们给七、八年级和六年级毕业生们，都准备了一份作业清单。里面包含阅读书目、读书笔记要求、练字要求、劳动要求、体育运动要求、安全要求、体温登记表等。内容涉及很多方面，要求具体。今年假期共 6 周多，每周还安排了一个全校性的比赛或实践活动。

9 点半时，学校又召开期末工作总结大会，总结一学期来工作，布置暑期工作。11 点多会议结束，老师纷纷开车离开了学校。很快，校园就静悄悄了。没有了师生的存在，整个校园仿佛失去了灵魂和活力。16 日中考结束，接着 17 日师生开会放假。在如此紧凑的一个接着一个的活动安排中，忽然一下，师生就这样全部离开了学校。如此快速地离开，马不停蹄的自己还没有反应过来，很不适应。

我站在三楼办公室的走廊上，望着整个校园。它的每一条路，每一处风景，每一个小小的改变，都渗透着我们的心思和向往。热热闹闹的校园，因为暑假的到来，变得冷冷清清。我舍不得就这么匆忙地离开学校，想多待一会儿。

外面下起了大雨，似乎让学校变得更加干净整洁。我把办公

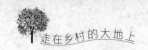

室里的垃圾整理了，下楼把它扔到垃圾池里。脚踩着去年新铺的青灰色压膜地坪，满眼翠绿，还有紫藤花在风中摇曳。

教学楼办公室前还摆放着一块块写有学生获奖名单的小黑板，仿佛师生还在教室里上课。就这样，在雨里，极目望去，把看到的都印入心里。仿佛学生正一个个从我身边经过，欢快地向我问好。

回到办公室，我把走廊花盆里的杂草顺手扯断，整理好要看的书籍，放入行李包，关好门窗。5 点多，在大雨滂沱中，我开车离开了亲爱的学校。

2020 年的暑假就这样在忙碌中猛然展现在了面前。6 个多星期后的积蓄，将会拉开它更加美好的一幕。

有用与无用

2020 年 7 月 21 日　星期二

这几日，自己好似生了一场大病，疲乏。配合着外面的滂沱大雨，身体沉重地想睡就睡。三天过去，整个人儿恢复了些活力。

早上，看着孩子吃完早餐上学后，我来到城北运动场活动活动。好似是一群部队的士兵在操场拉练。两两对齐，进行 100 米跑。矫健的步伐从我身边有力地跨过，冲刺的大吼声震撼身心。无来由的感动，好久没看到这样的画面了。奔跑的力，向上的美。

在他们离开，我来到 100 米跑道上，也狂奔起来。可是，明显感觉到是慢动作。这可能是两三个月来的第一次快速奔跑。奔跑，只会顾及急促的呼吸，于是便拥有一种洒脱的放下。

跑道上行走之间，我又听了一遍毛姆的小说《月亮与六便士》简介，不得不感叹作家毛姆的洞察力。他透过生活安逸的表象，去展现主人公内心真正的想法。我们所看到的所谓岁月静好，背后可能是惊涛骇浪。

打开电脑，作家王朔的一句话跃入眼中：你必须内心丰富，才能摆脱生活表面的相似。内心的丰富、摆脱、生活的相似，这三个简单词组的背后蕴藏着复杂。把他的话倒过来理解一下：生活表面的相似，后面要有内心的丰富。

昨晚，一个朋友出了一本诗集，请几个好友小聚庆贺一下。这个朋友特别喜爱写诗，却并不积极投稿发表。而出书对他来说，可能算是对以前生活的一个总结。可能对其他人没什么影响，但对他而言却很重要。

先生质疑："写诗的水平怎样？对评特级有用吗？出书的目的是什么？"孩子质疑："只有那些名人才出书，还给费用的。他是自费出书，有意思吗？"

我如实回答："他的古诗不如李白杜甫，他的现代诗不如顾城，对评特级也没有用。可是，名人一开始可能并不是名人，没有第一本，哪来的第二本？名人的名，也是慢慢积累的。"

下午，偶然翻开《梁衡散文精选》，选看了其中一篇文章《百年明镜季羡老》，讲述的是大学者季羡林老师的事情。里面记录了作者和季老的一段对话描写：

我还有一个更外行的问题："季老，您研究那些外国的古代的学问，总是让人觉得很遥远，对现在的社会有什么用？"他没有正面回答，说："学问，不能拿有用还是无用的标准来衡量，只要精深就行。当年牛顿研究万有引力有什么用？"是的，我从

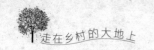

来没有考虑过这个问题，牛顿当时如果只想有用无用，可能早经商发财去了。

这一段正合我意。一个真正喜欢写诗的人，可能不会想到要成为一个诗人，可能也不会想到要为评特级教师用。我们享受着人间烟火，很认真努力地过着每一天。这就好比跑步一般，我们的目标可能是赛场上的第一名，也可能是在公园小路上闲跑，跑时还欣赏着一路灿烂的花儿。

作为一个教师，特级教师可能是一种至高的荣光了。可是，荣光的背后是不是自己想要的真正快乐？如果不是真正的快乐，是否还要追求这种荣光？在这些"功利"面前，我看到了自己的渺小和疑惑。我们的成就具体体现在哪里？

最近，我迷恋上了余秋雨的散文，在看他的《千年一叹》。这位出生于1946年的作家，获得了很多荣誉，可是他却依然辞去了一切行政职务和高位任命，孤身一人考察并阐释中华文明诸多被埋没的重要遗址。所写的作品开创了"文化大散文"的一代文风。

这本书里的每篇文章都是当天写出来的旅行游记，没有什么华丽辞藻的堆砌。文字质朴得是那么真挚有力，仿佛你能感受到作者怦怦的心跳。不做作，真诚坦荡。字里行间不变的是作者对文化孜孜以求的探寻思考。他想要的可能就是对世界文明的探索和中国文明和文化的梳理。它们对作者是一种心灵的召唤，而出书成名只不过是一个附属品。

季羡林是洒脱的，他靠内心的丰富，在坎坷的人生里过着"富足"的生活；余秋雨是洒脱的，他靠内心的丰富，摆脱了生活的相似，从而追寻内心的念想。而他们的内心丰富可能来自不断的阅读和写作。没有大量的阅读可能无法拓宽内心世界，没有勤于写作可能也无法更好地认识自己。

生活表面的相似太多了，太多的相似仿佛成了一个个框框，把人生设限在内。可能好多的想法还没来得及去想，就被否定了。在不断的否定中，自己可能只能维持现状，不再去尝试。可是，每个人都是生活的主人，对于生活，自己永远都是原创。

写诗出书，对于朋友来说，可能是最大荣光。诗里有他的生活，有他丰富的内心。在相似的生活中，他是那么与众不同，勇敢地面对自己。

读书需要持久力

2020 年 8 月 1 日　星期六

最近，我把沈从文的作品精选集《边城》看完了，精选集里包括《边城》《湘行散记》《八骏图》等。关于《边城》的评价，网上太多赞美之词，它也是高中必读科目。孩子看的书，我要求自己必须也看一遍。看之前，我不看网上评价，放空自己，只是去感知。

小说中描写了湘西的人文风情。可是，行文却不那么顺畅，有时甚至觉得很别扭。但行文的顺畅感在余秋雨和龙应台的散文中，却能找到。可是，在这些不太顺畅的甚至有些生硬的文字下，你却能体会到作者对友善、自立、仁爱的推崇。

忽然想起以前读过的马尔克斯的《百年孤独》。他曾获过诺贝尔文学奖。这部小说相当有名，我怀着无比崇拜的心情读这部厚厚的小说。然而魔幻的写作手法，让其中有些情节很是离谱，有时不知道作者究竟想表达什么主题。硬逼着自己将它看完，还

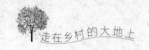

是满心的疑惑。

可是，反过来去想，为什么其他人没有写出这么天马行空的故事呢？这可能就是它独特之处。正如同莫言的想法，他说，读了《百年孤独》，才发现，原来小说居然可以这么写。

一千个读者，就有一千个哈姆雷特。作为一个读者，对这些名著都会有自己的想法。这种想法应该没有对错之分，因为每个人的理解不同。

这几日，将英国数学家、教育理论家怀特海的《教育的目的》看了一遍。这本书得到很多名家的高度赞扬。它只有156页，我同样怀着崇拜的心情，开始一字一句地去品。书正面上赫然印着一句话：学生是有血有肉的人，教育是为了激发和引导他们的自我发展之路。这句话很有见地，每个人可能都要寻找自己，要找一条自我发展之路。

然而，可能由于是翻译本，除了几句比较振聋发聩的言语外，读着读着我就开始迷惑了。有时不知道它在说什么，抑或想表达什么主题，章节之间有些乱。可能因为读得太慢，见树木而不见森林。

读第一遍《教育的目的》，只是觉得几句话很精辟。其他带给我的，只是对自己领悟能力的怀疑。如同以前读《百年孤独》一样，看着看着，就看不下去了。

不过，对于这类书籍，还是要坚持看完的，虽然可能收获甚微。

小区附近的河畔，会有一群老年人在练健身操，动作很是简单易学。每次晨跑，我都会故意从队伍一侧穿过。然后，站在队伍最后面，跟着他们比画两下，再离开。我只是想感受一下这个群体坚持的力量。这群人，每天都会按时来锻炼。可能一天没什么效果，但坚持下来会有效果的。我对他们这种坚持，很是敬畏。

每天晚上，在小区的西北角还会有一些人在坚持跳广场舞。

只要时间宽裕，我都会去跳几十分钟。我跟着她们比画。在这种随波逐流中，我感受到了另一群人的生活方式。她们能把家抛在一边，来跳跳，需要坚持的力量。同样，我对她们这种坚持充满了敬畏。跳一次，动作肯定不协调。但坚持跳下来，动作就会协调起来。

健身操和广场舞，都需要坚持。如果只有一次练习，对身体的各方面提高是没有多大效果的。万物有很多相通之处，读书有时与它们一样。即使一本书再有名，都不能期望读完后自己会有多么大的改变。只有一本又一本，坚持不断地读下去，当量发生一定变化时，质才有可能会发生改变。

每天早上，我都会打开手机里的有书共读APP。我购买了两年的"每天读一本书"课程。书的种类很多，涵盖了各个方面。近半小时的对一本书的介绍，能够让读者对这本书有个大概了解。

听过的几百本书会给我带来什么呢？很多都会忘记。但是，这个过程并不在于积累多少知识，而在于启发了思考，拓宽了思维。坚持听书，让我跳出了自己所在的时空，看到了不一样的东西。正如同，当时购买课程的想法一样。只不过，不想做个井底之蛙，想跳出来，看看外面的世界。

所以，对待读书，我们可能要有一个全新的认识。不要指望读一两本书，就可以改变自己。有的书，你可能会读不太懂，这都是正常的。所有书都需要用自己的经验去补充，每个人的经验不同，理解力就不同。当我们看到别人对某本书的较高评价时，并不代表你看过也会有同样的想法。有时，你的想法可能是相反的。

阅读其实就是一个不断自我建构知识体系的过程，真正的阅读者一定会敞开胸怀，去拥抱那些不知道来自何方的声音。真正的读书需要坚持，唯有坚持，才可能遇见那个逐渐丰富的更好的自己。

读书需要持久力！

安

2020 年 8 月 6 日　星期四

安，宝盖头底下是一个女字。是否就意味着一个家里要有个女人操持，这样这个家才会安稳？

早起做饭。朋友给了一包没去皮的粉碎的小麦粉，我放了一勺在锅中熬。清洗带壳的新鲜花生，放入锅中，加入一勺盐，中火煮。把南瓜头儿去丝，用手掰断成一节节，准备炒个鸡蛋南瓜头。将一个火龙果切开，果肉切成块状，放入碟中，插上两根牙签。

才 7 点多，爷俩还未起床，不好炒菜。我便换了衣服去菜场买些新鲜的菜。重点想买小青菜和嫩豆腐，想喝青菜豆腐汤。青菜的清香，豆腐的爽滑，颜色的清爽，只需加入少许盐，便令人回味悠长。

太阳已经高照，一个晴朗的天空。想顺便到运动场走一走。多少个早上因为要做饭，所以不能扔下家人不顾来锻炼。厨房是个舞台，体育场也是一个舞台，它让我看到了不同的生活方式。

今天的运动场很热闹。东面小道上，有一群自行车爱好者，地上放着两排矿泉水瓶。他们两两一组，准备进行比赛。自行车要从两个饮料瓶的间隙中经过。一场下来，两排瓶子会被碰倒几个。他们穿着自行车运动者特有的装备，英姿飒爽地骑着款式不同的自行车从一身买菜大妈装扮的我的面前经过。

操场上有两拨练球的足球运动员，一队穿白色运动服，一队穿蓝色运动服。他们在做准备活动，还有的队员在整理进球的网子。很明显他们很多人都不是 20 多岁的年轻人了，有几个人的体形较胖，让人不敢相信他们还能踢球。但是，这几个动作相当熟练，球感特别好。这说明他们的运动底子特别好。即使体形有些走样，那份感觉和热爱还在。

可能你不到运动场，你就不会发现，居然有那么多的人热爱体育运动。看着他们运动，本身就是一种快乐。这对每天早上在厨房奋斗的自己来说，是一种诱惑。如同钓鱼一般，把一切抛在后面，专心从事一项体育运动，那是一种洒脱。我多么想，像曾经在师范念书一样，体育老师让我们在操场狂奔踢球啊！而现在，似乎没人带我们玩了。

转几圈，我便骑车来到了菜场。这是一个充满生机的地方。只要往里一走，你目之所及的菜，似乎都已经纳入了你的袋子，那么充实，那么满足。它是不同于运动场的另一片天地。在这里走一走，往往能让你找到本质的东西。那么简单纯粹，世界仿佛就是这个菜场上方的一方天空，不再需要更大的天地。

买菜做饭以后，其他大部分时间都给了阅读论文。最近迷上了项目式学习，从知网上查找了100多篇论文，其中有20多篇硕博论文。一篇硕博论文需要作者花费大量的心血才能写好。它仿佛把一个问题的来龙去脉都说得很清楚，很是厉害。每篇硕博论文都有几十页，读起来很是费工夫。这种围绕一个主题的专项知识整理，也是一个天地。

到了晚上，拿出一小时，到小区附近的广场去跳操，挥汗如雨。于是，一下午伏案的肩膀得到了缓解。

这就是暑假的一天。把一家子的伙食安排好，可以让家庭安稳；加强锻炼，可以让身体安康；围绕一个主题去学习，了解它的过去和现在，又有一种向下扎根的存在感。

可能，困难或挫折会不断出现在生活中。可是，生活仍旧如此丰富多彩。我们需要用其中很多时间来突破自己，努力去感受，从而让自己丰盈起来。风吹雨打过后，我们仍旧可以充满勇气地面对它，坚持让心在这纷繁的生活中找到安顿之地。

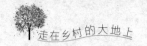

变与不变

2020 年 8 月 9 日　星期天

这几日，几乎天天下雨。特别是立秋那天，前一夜的暴雨，附近几个小区几乎不同程度地被淹了。早上，很多车辆都在大水里，几辆铲车来回穿梭，运送着被淹车辆。一座城市，一个小区只有在下过大雨后，我们才能看到它排水系统的效果，才能够确认它基本的保障是否到位。

这跟一所学校的硬件设施是相通的。不是看无雨时的状态，而是雨后的状态。只有积水过多，才可以发现路面处理是否不平整，下水道是否也有问题。这就涉及一个问题，最基本的排水系统，为什么会出问题呢？可能原因是考虑得不够完善。学校的每一个建筑都要充分考虑到排水系统。

这几日的阴雨天气，我很少锻炼。今天晚上，恰巧没有雨，参加了小区旁的跳操锻炼。在蹦跳之间，忽然发现，运动居然能给人直接的快乐。在大汗淋漓之间，这几日阴雨天的疲惫无力似乎都被带走了，很是舒服。

回到家，喝着温开水。白开水居然是那么香甜可口。

生活中存在很多变化，但有时要有坚持不变的。比如，听书、锻炼、练字、阅读、写作。似乎，这 5 件每天坚持做的事情，可以支撑自己去面对外界的各种变化。这种长久的坚持，慢慢地让自己积蓄了力量，发现一个不断变化的更好的自己。

在手机有书 APP 上，今天已经听了 952 本书。而下载这个有书 APP 今天是 1038 天。一天只能更新听一本，大概 30 分钟。听书也只能算是略读，它只是一本书的作者简介和大概内容但却是利用闲散时间的最佳方式，做饭时、洗漱时、散步时……其实，细算起来，我们的闲散时间加起来往往比专心阅读的时间更多一些。

为什么要听书、阅读？因为感觉到了自己的不足和内心的狭隘。我渴望着听到1000本的状态，相当于三年时间。这些不一样的书，绝大部分听过就忘，但无形中打开了一扇窗户，看到了不一样的风景。我希望，闭上双眼，内心如世界般丰富绚烂，心气沉着地感受到它的美。

为什么要锻炼？因为没有一个好的身体，超强负荷的工作会把自己身体累垮。工作要拼命干，身体也要健康才好。

为什么要练字、写作？因为在一笔一画之间，你能感受到线条的精气神。因为在键盘的敲打中，你能明了来自心灵深处的声音。它们可以让你清清爽爽、通透坦荡。

于是，这些不变的坚持，竟然可以支撑自己面对各种变化。今晚的锻炼，居然就把几个阴雨天带来的疲乏清除了。而敲击键盘写下想法，居然也让自己心花怒放。

想到那么多要看的书和杂志，想到那么多要看的论文，想到学校管理中各种有待补充的知识，雄心壮志又袭击了内心。其实，生活会遇到很多事情，这跟这几日的大暴雨相似。可是，面对的态度却有不同。对我们来说，在不能改变环境的情况下，还可以找到很多的乐趣。

一个朋友拍了张路上有很多水的图片，配文：现在光有车不行了，还要买船。我给他写了条评价：可以光明正大地穿着拖鞋横行江湖了。果然，路上很多行人穿着拖鞋，还有光着脚的。车子乘风破浪，像长了一对翅膀。有的小朋友还拿出了水枪，向远处喷射。

今早的运动场，由于昨夜的雨，明显能感觉到人工草坪上有积水。中间地段稍高要好些，而四周明显积水在淌。可是，球场上有一群成人足球爱好者在踢球，还有一帮暑假练球的孩子。虽

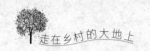

然条件不理想，但是，无法阻挡他们练球的热情。

　　生活，也许就应该这样。当你面对多变的或者无法改变的现状，你该如何做？不是去抱怨，而是在其中寻找不变的乐趣，并且对美好仍旧憧憬。

反观讲座

2020年8月15日　星期六

　　下午，县里组织我们听了一个讲座《名师之路——专业化发展》，讲授者是一名教授、博士生导师。每当看到这些头衔，我就会心生羡慕。羡慕的不是这些称号，而是背后丰富的知识储备。我想象着那丰富的知识储量以及清晰的认知系统。

　　看到这个题目，我第一次去生发联想。如果我是开讲者，会阐述什么？围绕着专业化发展，首先要阐述一下教师的重要性和专业化的由来，然后，阐述教师需要专业化，最后阐述如何进行专业化发展。

　　果然，这个讲座的大概脉络就是如此。反观以前的讲座，如果用这种方法去追溯思考，其实都能猜到大概的脉络。这样看来，一个讲座就是一篇论文。而把这个讲座内容丰富起来，就要做大量的功课，查阅很多资料。这就涉及做文献综述了。

　　其实，作为一线的教育工作者，我们没有足够的时间像教授们一样去阅读大量的相关资料。但是，用文献综述的方式，通过几十篇或几百篇论文，还是可以知道一个大概的。这种方法可以让自己对主题有比较透彻的了解。

　　这样想一想，反过来，一篇论文进行整理后，也可以成为一个讲座。

　　实事求是地说，听讲座的时候是热血沸腾的。可是，这种热情可能维持不了多久，那种热情消逝得很快。因为，讲座的内容与我们切实的工作生活是有一定距离的。或者，我们听懂了讲座的内容，但是，实际操作却又是另外一件事情。

　　忽然想起某天早上，一位男士在看我们一群人跳操锻炼。结束时，他向我讲述了跳这个操的好处，可以锻炼全身。他说自己有时应酬多，没什么时间锻炼。我对他说，10分钟时间很短，但是可以在这个操场跑6圈。即使慢些，也能跑4圈。有时候，不是没有时间，而是我们没有合理规划时间去做。

　　其实，这只不过是锻炼，延伸到教育里也可以。作为一名教师，真正要提高自己，抓住一点钻深钻透，写出相关的论文并做课题才行。因为论文和课题是自己思考成果的显性表现。但这样又需要耗费教师大量的时间和精力。有愿望是好事情，但除了艰辛的付出外，可能没有其他的捷径可走。

　　也就是说，听讲座是一回事，听完讲座后，做又是一回事。一线教师的工作是细碎的，比较散，没有方向的研究自然很难出成果。必须找到自己的兴趣点，围绕主题，在忙碌的工作中，仍孜孜以求才可以。

　　不过，讲座若能带给你一些启发，就是很大的收获。讲座里提到了两位教育行家的事例。

　　魏书生努力做好三件事：看多家之言，坚持写日记，坚持写文章。从中可以看出，他抓住了阅读和写作这两样提高了自己，值得借鉴。

　　窦桂梅，清华附小校长，从替补教师到教育学博士、知名校长。她的成长中上好课让她成名，但是，她又不断进修取得教育学博士，又成为博士生导师。从她的身上可以发现，作为一名教

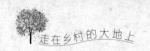

师，上好课是立身之本，不断学习提高自己也同样重要。

从上面两个例子总结出：一名教师要抓住四样不放：阅读、写作、上课、进修。魏书生和窦桂梅都是相当努力的人。他们的坚持让他们成为更好的自己。不经一番寒彻骨，哪来梅花扑鼻香？我们与之相比，需要定性和坚持。

总之，反观今天的讲座，忽然发现，讲座的内容就是一篇议论文。听后，自己要结合实际去思考和借鉴、实践。每一个人都是独一无二的，要沉下心去研究教育教学。教育是复杂的，永远没有标准答案。我们需要不断发现它的丰富和绚烂。

向前看　向前走

2020 年 8 月 28 日　星期五

我已经好久没有动笔写《走在乡村的大地上》教育手记了，今天是 106 篇。6 是我的幸运数字，很多时候，只要遇到 6 这个数字，都会顺些。可是，如今，我却迟迟不写。不是不想写，而是这可能是《走在乡村的大地上》最后一篇了。

8 月 20 日中午，局里通知我调离。下午 2 点多，在学校的教干会上，我把所有工作与新校长进行了交接。会后，我便来到三楼的办公室和宿舍，把自己的所有物品进行整理，先生不断把物品搬到楼下车里。在整理时，来开会的教干和三个门卫都来了，纷纷帮我拿物品。哪怕只是一个花瓶，都郑重其事地捧在手里，上下楼梯跑一趟。好似就只是想寻找有一个和我说话的机会，想和我多待一会儿。

　　两间不大的办公室，因为他们的到来显得很是热闹。我把自己买的瓶装牛奶和饼干分给他们吃，先生不停地给他们递水。他们有的坐在沙发上，有的站着。他们诉说着自己知道消息后的惊讶和不舍。我故意打趣他们："不能这么煽情啊！再说，我要哭了……"于是，一屋人都笑了。

　　门卫老张的家属又送我一包她晾晒的苦瓜干。因为我有一个好友高血压，所以请她留一袋给我。今年是她送给我的第三年。言语之间，她很难过："哎呀，你这么好，怎么调走了呀？"在车子离开校门后，我在附近的超市买了一箱酸奶和一箱八宝粥，送给了这位非常喜欢我的阿姨。三年中，她为我晒了三次苦瓜干。

　　就这样，短短三个多小时后，我离开了为之奋斗三年的学校。我把一些细节的地方都向新校长交代了。这所学校的每一处都渗透了我们的心血，我希望他能够像我一样好好待它。在新校长进入学校各个群后，我悄悄地退出了各个群，没有留下只言片语。有一种强烈的凝重的感情充溢心中，压抑着我不能写一个字。

　　昨晚，一位老教师打电话给我："你怎么调走了？我舍不得你！"那股真诚和难过通过手机传到心里，我只好不断安慰他。我不愿向别人去诉说，因为我害怕自己的泪会掉下来，收不住。

　　在暑假8月的一天里，我没有看到那么多可敬的教师，没有看见那么多可爱的同学，就这样干脆利落地离开了我热爱的学校。三年前，先生开着导航把我送到这所陌生的学校。三年后，先生又开着车把我带离了这所熟悉的学校。

　　人生有很多个三年，但这三年对自己是那么重要。有时觉得这三年就像一部电视剧，有时日子还过得跌宕起伏。可是，经历都是一种磨砺，它让自己对教育有了更深的认识。在这片乡村大地上，我和教师进行了教育探索。每一次的实践都给我们带来了快乐和成就感，一切付出都是那么有意义。

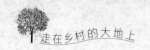

　　不能再这样回忆了，不能沉浸在离别的悲伤里。三年时光是珍贵的，如珍宝一般。在人生旅途中，独当一面的三年历练，让我对自己、对工作、对人生，都有了新的认识。这所学校的人和事，让我变得勇敢，激励着我去学习，更让我发现了自己的价值。

　　满载着三年的思考和坚定，在教育的世界里，向前看，向前走。从今天开始，《走在乡村的大地上》教育手记告一段落，离开并不代表不会卷土重来。我希望有一天如果再踏入农村教育的大地，自己能够拥有让它变得更好的能力。

　　我亲爱的学校，我亲爱的师生，往后岁月，一切安好！

后 记

想给这本书写篇后记，心中有很多话语，却不知从何落笔。就这样，想写的内容像不断汹涌的波涛一样，后面想的内容往往都会把前面推翻，还在不断怀疑。这本书记述了 2019 年 8 月—2020 年 8 月期间，我在农村初中做校长的一些工作经历。它展现了我对农村教育和生活的一些思考和探索，同时也展现了不断成长的心路历程和学校不断发展的过程。

这本书不是纯学科类的，不是纯管理类的，也不是纯散文类的，它好像属于"大杂烩"。我不是作家，也没有动过想成为一个作家的念头，可是却执拗地想把那一年的时光用书的形式保存下来。

我对底稿进行整理时，仿佛在看一个老朋友，去打量她一年的所思所想，感受她的矛盾、挣扎、焦虑、快乐、渴望。那是 4 年前的自己，感情是真挚的，思考是真切的，然而文字是不如专业作家的笔墨。反复修改中，很多处只是改了些标点或错别字等，其他并没有做什么过多修改。因为那时候的自己就是那个样子，拔高是不切合实际的。

我在怀疑自己出书的意义。

无疑，它对自己是重要的。那是一年时光里自己的一些教育生活的思考。磕磕绊绊，这是一个新手校长的成长过程。学习与实践的融合、工作与生活的协调、学校发展与自身发展的并进等。在时间的拉扯矛盾中，在不断尝试修正中，自己逐渐形成了

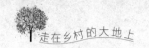

早起、锻炼、阅读、写作等习惯。还逐渐提升了面对困难的勇气，不断解决问题的探索力等，对教育有了更进一步的认识。

作为一个乡村学校的管理者，每天的教育生活是零碎的。教育书籍和杂志里对教育教学的论述，与活生生的教育生活有时是不同的。教育是复杂的、真实客观的记录，在反思中，不断拨开云雾见晴天。

这种反思记录相当于教科研中的个案研究，虽然可能没有人去关注和研究农村初中校长。在一年的教育生活轨迹里，我发现唯有对教育充满美好的期望，才能让自己坚持下去；唯有不断学习，才可能去破解一个个难题；唯有不断探索，才可能让工作不断进步。

这种真实的记录，是心里发出的声音。一次次思考，就是一次次进步。慢慢积累，眼界就开阔了，心胸就包容了，管理经验就增多了，教育理想也就会慢慢形成。

可是，这本书还有其他意义吗？

最近，看到经济学大师熊彼特对自己的学生德鲁克说的一段话："我现在已经到了这样的年龄了，知道仅仅靠自己的书和理论而流芳百世是不够的，除非你能够改变人们的生活，否则就没有什么重大的意义。"在他即将告别这个世界时，他不再以著书立说、扬名立万为人生追求的至高境界，而是以能否"改变人们的生活"为衡量学问是否有价值的唯一标准。

从他这句话中，我顿悟了出书的真正意义。

它改变了我的生活。一年的工作经历，一次次反思，让我不断提高了教育勇气，更激发了自己的"野心"，对美好教育充满了憧憬。这种反思，会让我无论处在什么样的学校、什么样的职位，都会去观察、去思考、去记录。它丰富了我的生活，让我看到了真实的自己和存在的价值。它让我的教育生活，每一天都变得很新鲜。

　　它改变了很多师生的生活。它是自己农村中学三年校长经历的最后一年写的，工作是前两年的积淀发展。这一年，师生生活发生了很多变化。教师乐教，学生乐学，师生都更加喜欢这所学校。这所学校也发生了很大的变化，校园硬件设施得到了很大改善，还彻底甩掉了综合考评倒一的帽子。学校三年前跌倒，在师生的共同努力下，三年后重新站了起来，开始朝着良性发展。

　　它改变了校长的成长生活。校长的工作是辛苦而繁忙的，校长可能没有充足时间去用文字记录工作。那么多的素材和思考可能就会随着时间的流逝，逐渐变得模糊。这种反思加写作的成长方式，可以促进校长更好地成长，更好地生活。

　　在生活的道路上，及时记录每一次思考结果，任何一次的思考就像河蚌里的珍珠，是很珍贵的。总有岁月可回首，过往可以用文字的形式得以保存、展示。当自己再回看这些文字时，那些日子又会在脑海中浮现。可能这是对过去岁月的一种尊重，没有白过。

　　作为一个学校管理者，会经常思考让自己和学校越来越好的方法。这本书可能也相当于是一个实证研究。唯有善于学习、善于思考、勤奋努力、踏实做事，才能够做到。在平凡的教育生活中，我们要不断构筑自己的教育理想，要能够看到教育更好的一面，要深信教育会因为自己的努力而更加美好。这可能才是不断书写教育生活的动力所在！

　　走在乡村的大地上，有鸟语花香，有小桥流水，有辽阔的田野，有勤劳的乡亲，还有质朴的孩子。对美好教育的向往会牵引着我们不断欣赏，不断向前走。

　　走在乡村的大地上，一路走来，一路唱！

向丽丽
2023 年 2 月 9 日